Simone Paganini

Von Evas Apfel bis Noahs Stechmücken

Fake News in der Bibel

HERDER

FREIBURG · BASEL · WIEN

MIX
Papier aus verantwortungsvollen Quellen
FSC® C014496

www.herder.de

Umschlaggestaltung: Gestaltungssaal, Rosenheim
Umschlagmotiv: © Simone Paganini, © aqua_marinka / iStock / GettyImages
unter Verwendung einer Zeichnung von Esther Lanfermann, Aachen

Die Übersetzungen der Bibelzitate sind vom Autor eigenhändig angefertigt.
Zeichnungen: Esther Lanfermann, Aachen

Satz: Daniel Förster, Belgern
Herstellung: GGP Media GmbH, Pößneck
Printed in Germany

ISBN Print 978-3-451-38493-6
ISBN E-Book 978-3-451-81804-2

Simone Paganini

Von Evas Apfel bis Noahs Stechmücken

Für Laila

Inhalt

Fake oder nicht Fake? – Erfundene und unwahre Aussagen in der Bibel

Die Frage nach dem Wahrheitsgehalt der Bibel beschäftigt schon seit Jahrhunderten Theolog*innen, Kirchenmänner (und auch Kirchenfrauen), Exeget*innen, und viele gläubige Frauen und Männer. Identitätsstiftende Erzählungen wie die Schöpfung der Welt durch einen sprechenden Gott, der Auszug aus Ägypten durch das Rote Meer oder die zahlreichen Wunder Jesu waren bis vor wenigen Jahrzehnten nicht nur Inhalte des christlichen Glaubens, sondern auch Grundlage für die Beantwortung naturwissenschaftlicher und historischer Fragen. Heutzutage gehen Bibelwissenschaftler*innen davon aus, dass die meisten biblischen Texte weder historisch zu verstehen sind noch naturwissenschaftliches Wissen vermitteln wollen. Außerhalb der Bibelwissenschaft wird dies aber leider nur sehr zögerlich wahrgenommen.

Anstatt die aktuelle Forschung wahrzunehmen und sich auf diese Weise ein differenziertes Bild zu verschaffen, gibt es auch heute noch viele Menschen, die auf der »absoluten« Wahrheit der Bibel beharren; sie also fundamentalistisch deuten. Im Gegensatz dazu gibt es aber auch eine ganze Reihe von Menschen, die der Bibel jeglichen Wahrheitsgehalt absprechen. Beide Gruppen haben in gewisser Weise recht und unrecht zugleich.

Gläubige Menschen, die nach Wahrheit und Sicherheit suchen, vertrauen oftmals so sehr auf die Autorität der biblischen Texte, dass sie meinen, in ihnen Antworten auf all ihre Fragen zu finden. Eine solche Erwartungshaltung ist problematisch. Äußerst schwierig wird es vor allem dann, wenn man vergisst, dass die biblischen Texte nicht nur aus einer anderen Zeit, sondern auch aus einem ganz anderen kulturellen Umfeld stammen.

Aber auch Menschen, die sich auf die Suche nach Erfundenem oder Falschem in der Bibel machen, die sich also – um eine modische Begrifflichkeit zu verwenden – auf die Suche von *Fake News* konzentrieren, sollten aufmerksam sein, denn die Situation ist auch in diesem Fall alles andere als trivial. Im Alten wie im Neuen Testament gibt es nämlich ganz unterschiedliche Sorten von »Fake News«, die es gut auseinanderzuhalten gilt. Insgesamt unterscheide ich drei Arten: die unechten, die echten und die irrealen Fake News.

1. Die Kategorie der *unechten Fake News* erkennen wir heute meistens sofort. Zu dieser Gruppe gehören fast alle naturwissenschaftlichen Aussagen, die man in der Bibel findet. So ist wissenschaftlich längst widerlegt, dass die Erde eine Scheibe ist, um die sich die Sonne dreht, und dass das Universum in sieben Tagen entstanden ist. Auch ist es uns im Jahr 2019 völlig klar, dass es keine zwei Himmel gibt,

dass die Fledermaus kein Vogel und der Hase kein Wiederkäuer ist. Und ganz gleich, wie schön das Bild vom Senfkorn auch ist, das Jesus in einem berühmten Gleichnis verwendet, es ändert doch nichts daran, dass das Senfkorn nicht der kleinste aller Samen ist und dass daraus auch keine Bäume wachsen, in denen Vögel ihre Nester bauen können. Solche Aussagen sind nach den heutigen wissenschaftlichen Kenntnissen schlicht und einfach falsch. Zur Entstehungszeit der Bibel entsprachen sie aber dem damaligen Wissensstand. So handelt es sich hierbei streng genommen nicht um Fakes im heutigen Sinne, also um absichtlich vorgetäuschte Informationen, denn die Autor*innen haben diese Falschaussagen nicht beabsichtigt; sie konnten nicht wissen, dass sie faktisch nicht richtig waren.

2. Die zweite Kategorie ist die der *echten Fake News.* Darunter fallen alle Texte, die offensichtlich auch für die antiken Autor*innen falsche Aussagen enthalten. Diese zweite Gruppe lässt sich noch einmal in drei Untergruppen unterteilen.

   2.1 Die erste Unterkategorie ist die der *echten, legitimen Fake News.* Es handelt sich um falsche Aussagen, die absichtlich niedergeschrieben wurden. Hierzu gehören die meisten Angaben über die Autor*innen der biblischen Bücher sowie Beschreibungen von »historischen« Ereignissen. Fälschungen und Plagiate gelten in der Wissenschaft nämlich noch gar nicht so lange als unseriös. In der Antike war ein freier Umgang mit Quellen unproblematisch. So war bspw. das Phänomen der Pseudepigraphie weit verbreitet. Es war quasi gängige Praxis, dass ein unbekannter Autor (es waren in der Tat nur Männer) einen Text verfasste und dann behauptete, die Schrift sei von einer berühmten Persönlichkeit geschrieben worden. So finden wir in der Bibel echte Paulusbriefe und andere Briefe, die Paulus nur zugeschrieben werden, aber mit Sicherheit nicht von ihm stammen. Zudem gibt es Texte, wie das Buch des Propheten Jesaja, die in einem Zeitraum von mehreren Jahrhunderten entstanden sind, also definitiv nicht von ein und derselben Person geschrieben worden sein können. Doch alle Autor*innen dieser großen Gemeinschaftswerke identifizierten sich auch Jahrhunderte nach dem Tod des Propheten noch mit ihm. Die Person, von der das Buch handelt, in diesem Fall der Prophet Jesaja, hat möglicherweise gar nichts Schriftliches hinterlassen. Oder es hat die Person historisch nie gegeben, wie bspw. die Gestalt Moses, der gleich fünf Bücher geschrieben haben soll.

Ähnliches gilt auch z. B. für die Wiedergabe von historischen Reden. All diese Fakes sind den antiken Autor*innen bewusst gewesen. Ihr Anliegen war es meist nicht, etwas genau so festzuhalten, wie es tatsächlich gesagt worden ist, sondern aufzuschreiben, was diese oder jene Person hätte sagen oder tun *können*. Wir begegnen also meistens fiktiven Reden oder auch Handlungen, die sich aber durchaus so hätten zutragen können. Vieles von dem, was Jesus in den Evangelien in den Mund gelegt wird, ist der schriftstellerischen Tätigkeit der Evangelisten zu verdanken. Aber nicht nur die biblischen Autor*innen arbeiteten auf diese Weise, auch griechische, römische und jüdische Historiker*innen gingen damals so vor. Diese Fakes scheinen heute problematisch zu sein, für die antiken Autor*innen hingegen waren sie absolut legitim.

2.2 Des Weiteren gibt es Meldungen, von denen die Autor*innen wussten, dass sie unwahr sind und sie trotzdem verbreiteten. Ich bezeichne sie als *echte, absichtliche Fake News*. Sie kommen immer dann vor, wenn historische Gegebenheiten, die an sich gut bekannt waren, mit einer bestimmten Intention beschrieben und verfälscht wurden. So wissen wir zum Beispiel aus assyrischen Quellen, dass Omri, ein König Israels aus dem 9. Jh. v. Chr., ein sehr guter König war. Er pflegte Handelsbeziehungen mit vielen Nachbarvölkern und regierte mehr als ein Jahrzehnt in Frieden und Wohlstand. Im biblischen Text finden wir über ihn aber lediglich eine kurze, noch dazu negative Notiz (1 Kön 16,22–28). Der Grund dafür ist, dass Omri offensichtlich andere Gottheiten als den einen Gott Israels anbetete. Die Autor*innen der Bibel verbreiteten daher eine falsche Information über ihn, obwohl sie genau wussten, dass er eigentlich ein kluger und guter König war.

Auch die biblische Darstellung des Monotheismus – also des Ein-Gott-Glaubens – ist ein solcher absichtlicher Fake. Die biblische Auffassung, der Monotheismus sei seit der Erschaffung der Welt vorgegeben gewesen, ist historisch nicht korrekt. Man weiß heute, dass der Glaube an *einen* Gott eine relativ späte religiöse Entwicklung ist, die frühestens im 6. Jh. v. Chr. anzusetzen ist. Das muss selbstverständlich auch den biblischen Autor*innen bewusst gewesen sein. Allerdings taten sie so, als ob der Polytheismus, der Mehr-Götter-Glaube, eine spätere Verzerrung des Monotheismus gewesen wäre.

In diese Kategorie gehört auch der Großteil der Naturwundererzählungen, wie bspw. von Moses, der Plagen über Ägypten kommen lässt, oder von Jesus, der über das Wasser geht und der Brot und Fische vermehrt. Es handelt sich um echte Fakes, denn die Autor*innen wussten sehr wohl, dass Naturwunder nicht ohne Weiteres möglich sind. Außerdem interessierte sie historische Präzision nicht wirklich. Wichtiger war ihnen vielmehr die theologische Botschaft ihrer Texte. Derartige Fake News kommen in der Bibel recht häufig vor.

2.3 *Echte, unbeabsichtigte Fake News* sind nicht minder verbreitet. In diese Unterkategorie gehören viele Erzählungen, die erst lange Zeit nach den betreffenden historischen Ereignissen niedergeschrieben wurden. So bspw. wird im Buch Genesis berichtet, dass Abraham viele Kamele besaß. Abraham dürfte nach der biblischen Chronologie um das Jahr 1800 v. Chr. gelebt haben. Die ersten Versuche, Kamele zu domestizieren, sind jedoch erst um das Jahr 1000 v. Chr. belegt. Abraham konnte also noch keine Kamele als Nutztiere gehalten haben. Da die Geschichte Abrahams aber erst im 5. oder 6. Jh. v. Chr. niedergeschrieben wurde, war man sich dessen nicht mehr bewusst, sondern übertrug die eigene Situation auf die Welt von damals. Die Autor*innen gehen hier also ein wenig zu »naiv« mit einem Wissen um, das sie sehr wohl hätten besitzen können. Sie verbreiten Meldungen, die sie nicht eingehender geprüft haben.

3. Schließlich gibt es noch eine dritte Hauptkategorie, nämlich die der *irrealen Fake News*. Sie sind die skurrilsten und gleichzeitig bekanntesten Falschmeldungen unserer Traditionsgeschichte biblischer Texte. Es sind sozusagen Fakes von Fake News. In diesen Fällen ist nicht nur die Aus-

sage falsch, nein, sie kommt nicht einmal in der Bibel vor. Diese Fakes sind also nicht direkt in den biblischen Texten zu finden, sondern entspringen der Vorstellung der Menschen, die diese Texte nicht immer aufmerksam genug gelesen, sie an manchen Stellen missverständlich kopiert oder übersetzt haben und so über die Jahrhunderte hinweg zu einer anderen Tradierung beigetragen haben. In vielen biblischen Geschichten vermischen sich aber auch die verschiedenen Arten von Fake News.

Nehmen wir zum Beispiel die Geschichte von Adam und Eva. Sie kann offensichtlich nicht ganz stimmen, denn die Wissenschaft belegt heute ganz eindeutig, dass die Menschheit nicht aus einem einzigen Paar entstanden ist, sondern sich im Laufe von Jahrtausenden entwickelt hat. Das Urpaar Adam und Eva ist zunächst einmal ein unechter Fake, denn die altorientalischen Autor*innen waren der festen Überzeugung, dass sich die Erschaffung der Menschheit wie beschrieben zugetragen hat. Aber es geht noch weiter: Auch die sprechende Schlange muss ein Fake sein, denn solche Schlangen gibt es nicht. Das ist ein echter absichtlicher Fake. Und dann kommt sozusagen der Fake-Höhepunkt, ein irrealer Fake: Eva beißt in einen Apfel. Dieser berühmte Apfel kommt in der Bibel aber gar nicht vor, sondern wurde viele Jahrhunderte später in die Geschichte hineininterpretiert. Wie genau es zu dieser Falschmeldung kommt, können Sie in Kapitel 3 nachlesen.

Im Neuen Testament wird die Lage nicht wesentlich besser, Fake reiht sich an Fake. So bekommt Petrus bspw. den Schlüssel des Himmelreichs nur in einer fiktiven Rede von Jesus übertragen, die erst im Nachhinein Jesus zugesprochen wurde (ein legitimer Fake). Die eigentliche »Schlüsselübergabe« jedoch hat sich faktisch in den Evangelien nie zugetragen (vgl. Kapitel 21). Wenn man bedenkt, dass die Vollmacht der Päpste darauf beruht, wird einem schnell bewusst, welch weitreichende Konsequenzen diese Fakes hatten.

Sie merken, die Beispiele sind so zahlreich, dass man glatt ein Buch darüber schreiben könnte. Genau das ist passiert und Sie halten dieses Buch gerade in den Händen.

Mir geht es hier besonders um die letzte Gruppe von Falschmeldungen, also um die krasseste Form der Fake News. Es geht um absolut irreale, erfundene Gegenstände, Orte, Tiere, Handlungen und Personen, von denen wir bis heute meinen, sie kämen in der Bibel vor. Mit ein bisschen Einblick in die Sprach- und Literaturwissenschaft, in Archäologie und Geschichtswissenschaft sowie in die Bibelwissenschaft kann man diese Fakes nicht nur beschreiben, sondern meist auch erklären. Diese Fakes machen die biblischen Texte aber nicht zu schlechteren Texten. Wenn man sie identifiziert und einordnen kann, zeigt sich auch heutigen Leser*innen die Vielfalt dieser alten Texte, aus denen wir eine Menge schöpfen können. Dabei kommen auch ihr Reichtum und ihre Schönheit zum Vorschein, was wohl der Hauptgrund dafür sein dürfte, dass diese Texte – Fakes hin oder her – auch heute noch gelesen und als Inspiration wahrgenommen werden.

Mein Zugang zu den Texten ist stets ein wissenschaftlicher, denn ein methodisch sauberer Umgang mit den antiken Schriften ist die einzige Möglichkeit, ihrer Aussageabsicht näher zu kommen. Für Fachleute sind die in diesem Buch vorgestellten Thesen und Theorien weder neu noch überraschend, denn sie sind inzwischen seit Langem allgemein anerkannt. Alle anderen Leser*innen hingegen werden hoffentlich neue oder ungewohnte Sichtweisen entdecken, mit denen sich die Bibel neu lesen und verstehen lässt.

1. Das Nichts, aus dem Gott das Universum schuf

Gott und der Urknall

»Am Anfang erschuf Gott die (zwei)
Himmel und die Erde.
Und die Erde war wüst und leer.«

Gen 1,1–2

Schlagen wir die Bibel auf, so lesen wir als Erstes die Erzählung von der Erschaffung der Welt. Das Erste, was Gott erschuf, ist aber, streng genommen, nicht die Erde, sondern der Himmel. Dies war für die altorientalische Welt der Autoren*innen der Bibel selbstverständlich. Gott schafft also zuerst den Ort, an dem die Götter wohnen. Weil man damals allerdings dachte, die Erde sei eine Scheibe, die vom Himmel ummantelt ist, bildet der biblische Gott zwei Himmel: einen Himmel oberhalb und einen unterhalb der Erde. Das Ganze soll Gott aus dem Nichts getan haben. Bis dahin gab es nur Gott und sonst nichts – so zumindest stellt man es sich meistens vor.

Diese Erzählung, die jahrtausendelang unangefochten als Erklärung für die Entstehung des Universums galt, wurde in modernen Zeiten immer wieder infrage gestellt. So auch von den Naturwissenschaften des 20. Jh., die schließlich die Theorien vom Urknall und der Evolution entwickelt haben.

Bereits im Jahr 1950 hatte Papst Pius XII. die Evolutionstheorie als eine ernst zu nehmende Hypothese bewertet. Doch erst Anfang der 1990er-Jahre akzeptierte Papst Johannes Paul II. die wissenschaftliche These des »Urknalls« endgültig. Somit machte er die Evolutionstheorie als möglichen Anknüpfungspunkt für die Existenz Gottes, der aus dem Nichts den Urknall und somit die Entstehung des gesamten Universums bzw. den Anfang der Evolution anstupste, auch in kirchlichen Kreisen gesellschaftsfähig.

Es ist eigenartig, dass dieser Prozess so lange gedauert hat. Bereits im Jahr 1931 hatte ein katholischer Priester und Astrophysiker aus Belgien die These vertreten, dass sich aus einem einzigen Uratom, dem »kosmischen Ei«, das gesamte Universum entwickelt habe. Es war Georges Lemaître, der seine Theorie erstmals auf einer Tagung zu Naturwissenschaft und Spiritualität vorstellte. Übrigens, auch Albert Einstein ließ sich damals trotz anfänglicher Skepsis vom redegewandten Lemaître überzeugen.

Seine Gegner, die die damals gerade entstandene Theorie lächerlich machen wollten, sprachen vom »Urknall«. Dieser Begriff hat sich durchgesetzt. Das Phänomen, das sich dahinter verbirgt, lässt sich nach heutigem Wissensstand relativ gut datieren: Es passierte vor ungefähr vierzehn Milliarden Jahren. Davor gab es nichts, keine Zeit, keine Materie, keine Energie und keinen Raum. Daher lässt sich dieser Zustand nicht wirklich wissenschaftlich untersuchen, was ihn für Naturwissenschaftler*innen physikalisch uninteressant macht.

Möglicherweise war er aber auch für die ersten Theolog*innen, die über Gott als Schöpfer nachgedacht haben, völlig irrelevant. Irenäus von Lyon, später Augustinus und vor allem Luther wollten keine Aussagen über die Entstehung des Kosmos machen, sondern allein die Eigenschaften Gottes beschreiben. Luther sah dabei die Fähigkeit, etwas aus dem Nichts zu erschaffen, als ein wesentliches Merkmal der Natur Gottes an und hat sich sehr dafür stark gemacht. Der Glaube an das »Nichts« blieb somit bestehen. Seit dem 2. Jh. n. Chr. war die Vorstellung von der Erschaffung der Welt aus dem Nichts eine selbstverständliche Voraussetzung und bestimmte die christliche Rede von der Schöpfungstätigkeit Gottes.

Was steht nun aber wirklich zu diesem Nichts, aus dem Gott die Welt in sieben Tagen erschaffen haben soll im biblischen Text? Die Antwort lautet: Nichts. So sehr man auch sucht, man findet nichts. Und sehen wir uns die Erzählung von der Erschaffung der Welt einmal genauer an, so stoßen wir auf andere irritierende Aspekte: Zunächst fällt auf, dass es in der Bibel nicht bloß eine einzige Darstellung der Schöpfung gibt, sondern verschiedene Auffassungen, die in ihrer Vielfalt alles andere als ein eindeutiges Bild von den Anfängen des Kosmos ergeben. Vielmehr lassen sich aus der Summe jener Passagen im Wesentlichen drei Vorstellungen über den Welt-erschaffenden Gott gewinnen: Dieser wird entweder als ein kämpfender Gott oder als ein mitwirkender Gott oder aber als ein ansagender Gott dargestellt. Für die Schöpfung bedeutet das, dass sie entweder das Ergebnis eines Kampfes zwischen dem Gott Israels und den Mächten des Chaos ist, oder etwas, das Gott mit handwerklichen Fähigkeiten geschaffen hat, oder etwas, das durch Gottes Wort entstanden ist. Interessanterweise legen sich diese Schriften nicht auf eine Möglichkeit fest. Die Texte sind sehr anspruchsvoll und durchdacht und alles andere als »primitive« Mythologie. So scheint die Bibel mit ihrer Vielzahl an Schöpfungsberichten gewissermaßen das vorwegzunehmen, was wir heute als Theorienvielfalt bezeichnen. Die Selbstverständlichkeit, mit der heutzutage moderne Wissenschaftler*innen einander widersprechen, Thesen mit Antithesen widerlegen, Entwürfe korrigieren und modifizieren, gehörte offensichtlich schon für die jüdischen Gelehrten der vorchristlichen Zeit zum Alltag.

Neben der großen Menge an kaum beachteten biblischen Schöpfungsvorstellungen, zum Beispiel im Buch des Propheten Jesaja (Jes 51), im Ijobbuch (Ijob 38) oder in den Psalmen (Ps 74 u. 89) stehen zwei Schöpfungserzählungen, die sich weit größerer Bekanntheit erfreuen. Und es sind de facto immer diese beiden Texte, die gemeint sind, wenn es ganz allgemein heißt, Bibel und Naturwissenschaft könnten nicht miteinander in Einklang gebracht werden. Die Rede ist von den ersten beiden Kapiteln der Bibel im Buch Genesis: Gen 1 stellt die Erschaffung des ganzen Universums in sieben Tagen dar. Gen 2 erzählt die Geschichte des ersten Menschenpaares, Adam und Eva, im Garten Eden.

Obwohl sich beide Texte mit den Anfängen der Welt beschäftigen, sind sie grundlegend verschieden. So ist bspw. die Reihenfolge, in der die Geschöpfe ins Leben gerufen werden, unterschiedlich: In Gen 1 wird der Mensch als Letztes, in Gen 2 als Erstes erschaffen. Auch das Gottesbild ist sehr verschieden: Der Gott von Gen 2 begegnet seiner Schöpfung wie ein mitwirkender gestaltender Künstler, während er in Gen 1 unnahbar und majestätisch auftritt. Er realisiert aus der Distanz allein durch sein Sprechen die gesamte Schöpfung in nur sechs Tagen. Die Menschheit wird also in Gen 1 durch eine Ansage Gottes erschaffen. In Gen 2 hingegen wird für den Mann Erde verwendet, für die Frau ein Stück des Mannes.

Noch dazu sind sich die beiden Erzählungen nicht über die Anfänge der schöpferischen Tätigkeit Gottes einig: Gen 1 setzt mit Dunkelheit und Nässe ein, Gen 2 dagegen mit Trockenheit und Unfruchtbarkeit. In einem aber stimmen die beiden biblischen Erzählungen überein: Die Schöpfung geschieht nicht aus dem Nichts, es gab bereits etwas, das Gott verwenden konnte.

An dieser Stelle sei darauf hingewiesen, dass die Vorstellung von der Weltentstehung aus dem Nichts dennoch nicht ganz unbiblisch ist. Etwa ein halbes Jahrtausend nach Gen 1 wird das zweite Buch der Makkabäer verfasst, das zum Alten Testament der katholischen Kirche gehört, jedoch nicht in der hebräischen und in der protestantischen Bibel vorkommt. Hier (2 Makk 7,28) und in dem noch später entstandenen Brief an die Römer im Neuen Testament (Röm 4,17) wird die Auffassung einer Schöpfung aus dem Nichts zumindest genannt. Beide Male passiert das in einem engen Zusammenhang mit der Vorstellung, dass Gott die Toten auferwecken kann. In keinem der beiden Texte geht es jedoch um eine Darstellung der Eigenschaften eines die Welt erschaffenden Gottes. Sie wollen vielmehr den Gläubigen angesichts des Todes Hoffnung und Zuversicht vermitteln.

Doch noch einmal zurück zu den beiden Texten aus dem Genesisbuch: Ihnen ging es nicht darum, physikalische Gegebenheiten darzustellen, und deshalb stellen sie auch keine Konkurrenz zu den Erkenntnissen der modernen Naturwissenschaften dar.

Nichtsdestotrotz geistert die Schöpfung aus dem Nichts immer noch in den Köpfen der Menschen herum, und zwar mit der Überzeugung, diese Idee sei in den biblischen Schöpfungserzählungen grundgelegt. Warum das so ist, erklärte bereits Galileo Galilei, der um das Jahr 1630 gerade deshalb einige Probleme mit der kirchlichen Obrigkeit bekam. In einem Brief an einen Freund schreibt er: »Wenn schon die Schrift nicht irren kann, so können doch einige ihrer Erklärer und Deuter in verschiedener Form irren …« Und somit formulierte er, wenngleich auch unbewusst, eine erste Definition von »Fake News«.

2. Die Rippe des Adam

Übung macht den Meister

»Und Gott, der Herr, machte die Seite,
die er von dem Erdling genommen hatte,
zu einer Frau, und er brachte sie zu Adam.«

Gen 2,22

Die Vorstellung, dass ein Gott oder zumindest ein gottähnliches Wesen die Menschen erschaffen hat, findet sich in beinahe allen antiken Mythologien. Interessanterweise gehen diese Mythologien auch davon aus, dass der Mensch aus Lehm geformt wurde. Bei den Griechen und den Römern ist es Prometheus, der die Menschen aus Lehm erschafft, bei den Babyloniern der Gott Marduk und bei den Sumerern die Göttin Nammu. Ähnliche Erzählungen über den Ursprung des Menschen finden wir darüber hinaus in Lateinamerika und Afrika. In diese lange Liste der Menschen-Bastler reiht sich auch der biblische Gott ein.

Wie genau das Ganze vonstattengegangen sein soll, dürfte für die Autor*innen der Bibel allerdings nicht ganz klar gewesen sein, denn am Beginn des Alten Testamentes stehen zwei unterschiedliche Erzählungen von der Erschaffung des Menschen. In der ersten Version wird die gesamte Menschheit auf einmal ins Leben gerufen: »Und Gott sprach: Lasst uns Menschen machen.« (Gen 1,26) Auf die gleiche Art und Weise wurden kurz zuvor auch Tiere, Bäume, Gestirne usw. geschaffen. In der zweiten Erzählung ist die Beschreibung deutlich präziser und detailreicher. Im Vordergrund steht die Erschaffung des ersten Menschenpaares (Gen 2,4–25).

In der heutigen Fassung der Bibel scheint diese Erzählung eine Fortsetzung der ersten zu sein. Ursprünglich aber ist sie eine selbstständige, deutlich ältere Geschichte. Am Beginn dieser zweiten Erzählung wandert Gott auf der Erde umher und entscheidet zunächst, Gras und Kräuter wachsen zu lassen. Das tut er, indem er Regen auf den trockenen Boden fallen lässt. Im Anschluss daran will er ein Lebewesen erschaffen, welches das nun fruchtbare Land bebauen soll. Dafür nimmt er Erde (auf Hebräisch *'adamah*) und fertigt daraus einen Menschen. Daher wird der erste Mensch in der Bibel mit dem Wort *'adam* bezeichnet. Dieser Begriff ist am Anfang der Erzählung noch kein Eigenname und kann am besten mit dem Wort »Erdling« übersetzt werden, also einem Menschen aus Erde.

Unmittelbar danach entscheidet Gott, einen Garten anzulegen. Er tut dies, obwohl die Bebauung der Erde eigentlich die Aufgabe des gerade erschaffenen Erdlings gewesen wäre. Aber Gott sorgt sich um sein Geschöpf und lässt ihm seine Hilfe zukommen. Ein Selbstgespräch Gottes führt relativ schnell zu der entscheidenden Wende in der Erzählung: Gott will eine Hilfe für den *'adam,* den Erdling erschaffen. So nimmt er noch einmal einen Haufen trockener Erde und formt daraus Landtiere und Vögel. Als er merkt, dass die Tiere dem Erdling keine geeignete Hilfe sind, obwohl sie aus dem gleichen Material bestehen, lässt Gott den Erdling einschlafen, entnimmt ihm – zumindest laut den gängigen Bibelübersetzungen – eine Rippe und bildet daraus eine Frau. Diese wird später den Namen Eva, »Mutter aller Lebewesen«, bekommen.

Anders als die erdige Abstammung des Mannes ist die Vorstellung davon, dass die Frau aus einer »Rippe« des Mannes entstanden ist, im Kontext der antiken Mythologie einmalig. Sie ist aber auch nicht ganz korrekt: Liest man den Text im hebräischen Original, so ist dort nie von einer Rippe die Rede. Für den Stoff, aus dem Gott die Frau gebildet hat, wird das hebräische Wort *zela'* verwendet. Damit ist zunächst einmal eine Seite des *'adam*/Erdlings und nicht unbedingt eine Rippe gemeint. Auch die griechische Übersetzung (Septuaguinta), die das Wort *pleuros* verwendet, scheint den hebräischen Text in diesem Sinne gedeutet zu haben. Erst in der lateinischen Übersetzung (Vulgata) ist unmissverständlich zu lesen, dass Gott die Frau aus einer *costa* – also aus einer Rippe – geformt habe.

Die Frage nach der Rippe Adams hat die Exegeten jahrhundertelang beschäftigt, und zwar die jüdischen ebenso wie die christlichen. Von einer patriarchalischen Kultur geprägt, identifizierten sie den *'adam* selbstverständlich mit dem Mann, der den Eigennamen »Adam« trug. Folglich diskutierten sie mit großer Leidenschaft und Ernsthaftigkeit, ob dieser Adam bereits mit 25 Rippen, d. h. mit einer zusätzlichen Rippe für die Frau, ausgestattet war oder ob Gott, nachdem er die Frau gebildet hatte, dem Adam eine neue Rippe eingesetzt habe. Eine Lösung, die alle zufriedenstellt, wurde allerdings nicht gefunden.

Auch wenn dieses Problem im Text selbst absolut keine Rolle spielt, hat sich der Streit um die Beschaffenheit der Frau im Laufe der biblischen Interpretationsgeschichte noch weiter zugespitzt. Was die Diskussion zusätzlich anheizte, ist der Umstand, dass das hebräische Wort *zela'* auch »die Hälfte«

bedeuten kann. Eine derartige Übersetzung würde bedeuten, dass Gott mit einer Hälfte des ursprünglich noch geschlechtslosen Erdlings die Frau erschaffen hat. Aus der anderen Hälfte wäre durch Gottes chirurgischen Eingriff der Mann entstanden. Von derartigen Erklärungsversuchen geht durchaus eine gewisse Faszination aus. Auch dem Koran scheint diese Vorstellung nicht ganz fremd zu sein. Mann und Frau werden dort aus einem einzigen »Urwesen« erschaffen.

Vor diesem Hintergrund wandte sich bereits Origenes, einer der größten Exegeten der Antike, gegen ein wörtliches Verständnis des biblischen Textes. In der ersten Hälfte des 3. Jh. n. Chr. erklärte er, dass die Erzählung von der Erschaffung der Frau einen überwiegend symbolischen Charakter aufweise. Dem ist grundsätzlich zuzustimmen. Die angebliche »Rippe« ist nach Origenes symbolisch gemeint und soll die tiefe Verbundenheit zwischen Mann und Frau betonen. So weit, so gut.

Der Gedanke von der Überlegenheit des Mannes gegenüber der Frau ist der Bibel selbst völlig fremd. Wie fremd, das wird in der Fortsetzung der Geschichte deutlich. Als der Erdling nämlich erwacht, sieht er – wenig überrascht – die Frau. Zum ersten Mal ist nun im Text davon die Rede, dass er spricht. Es sind die ersten Worte eines Menschen seit dem Beginn der Bibel. Das ist zweifellos ein besonderer Moment. Der Erdling enttäuscht den Leser auch nicht: Die ersten menschlichen Worte in der Bibel sind ein Gedicht oder vielleicht sogar ein Lied. »Diese endlich ist Gebein von meinem Gebein und Fleisch von meinem Fleisch« (Gen 2,23), sagt der Erdling und schafft damit ein kleines Wunderwerk der hebräischen Poesie. Es ist zugleich eine wunderschöne Liebeserklärung.

Dann betrachtet der Erdling das Wesen, das Gott gerade geschaffen hat, und bezeichnet es seiner Gattung nach als *ischah* (Frau). Dieses hebräische Wort stammt wahrscheinlich aus der maskulinen Form *isch* (Mann), an das die feminine Endung *-ah* angefügt wird. Martin Luther war der Erste, der viele Jahrhunderte nach der Entstehung des Genesisbuches auf dieses Wortspiel aufmerksam machte. In seiner Übersetzung des Alten Testamentes übersetzte er *ischah* mit dem von ihm kreierten Kunstwort »Männin«.

Interessant ist außerdem die Tatsache, dass der hebräische Text die Bezeichnung für »Mann« (*isch*) erst verwendet, nachdem die *ischah* erschaffen worden ist. Das könnte man so interpretieren, dass der *'adam*/Erdling erst durch die Erschaffung der Frau zum Mann wird. Erst ab diesem Moment trägt er auch den Eigennamen »Adam«.

3. Eva und der Apfel

Und die Schlange weitete ihr Angebot aus

»Und die Frau […] nahm von seiner Frucht und aß,
und sie gab auch ihrem Mann bei ihr, und er aß.«

Gen 3,6

Als in der frühen Neuzeit die Hexenverfolgung ihren Höhepunkt erreichte, bildete der sogenannte Hexenhammer (*Malleus maleficarum*) die Grundlage für die Hexenprozesse. Dieser Hexenhammer war eine Art Handbuch über das Ausfindigmachen und Überführen von Hexen. Er wurde 1487 von den Dominikanermönchen Heinrich Kramer (Institoris) und Jakob Sprenger veröffentlicht. Der *Malleus maleficarum* war nicht bloß ein Werk über Teufel, Hexerei und Magie, sondern zuallererst ein Werk über Frauen. Es stellte somit den Gipfel jener frauenfeindlichen Bibelauslegung dar, die innerhalb der Kirche sehr alte Wurzeln hat.

Dieses Frauen(feind)bild wird mit Anspielungen und Fehlinterpretationen aus den ersten Kapiteln des Alten Testamentes untermauert. Beispielsweise wird behauptet, dass Gott die Frau gewissermaßen als zweiten Versuch erschaffen hat, da die Tiere dem Mann nicht wirklich entsprochen hätten. Sie wird aus der Rippe des Mannes geformt und weil die Rippe krumm ist – so heißt es in den ältesten rabbinischen Auslegungen, die zum Teil wörtlich von den Kirchenvätern übernommen worden sind –, soll auch die Frau gekrümmt bleiben, also dem Mann untergeordnet sein.

Kurz nachdem sie aus der Rippe geformt wurde, wird sie von einer Schlange angesprochen. Nun wird die Frau plötzlich zur Hauptperson der Erzählung. Doch leider wird sie nicht als ruhmreiche Heldin, sondern als Schlüsselfigur in der sogenannten Erbsündenerzählung in die Geschichte eingehen. Eva wird von der Schlange verführt und isst von dem verbotenen Baum. Der Tradition nach beißt sie in einen Apfel. Der biblische Text hingegen schweigt über die Art der Frucht. Obwohl Äpfel in der kargen Landschaft Judäas nicht wirklich heimisch sind bzw. waren, kennt die hebräische Sprache ein Wort für »Apfel«, nämlich *tappuach*. Es ist ein schönes, melodisch klingendes Wort, das innerhalb der hebräischen Bibel allerdings sehr selten vorkommt. Lediglich im Hohenlied, einer relativ späten poetischen Schrift, die lange Zeit nicht einmal Teil der Bibel war, kommt *tappuach* häufiger vor. In diesem Buch ist der Apfel eine Liebesfrucht, ein duftendes, süßes, ja sogar erotisches Objekt. Hierin unterscheidet sich die biblische Dichtung nicht von der griechischen und lateinischen Liebeslyrik, in der der Apfel ebenfalls häufig als Aphrodisiakum, also als Mittel zur Steigerung der Erotik und Lust, vorkommt.

Wenn aber Eva von der Schlange keinen Apfel angeboten bekam, was hat dann die erste Frau im Garten Eden gegessen? Das scheint keine ganz unbedeutende Frage zu sein, wenn man bedenkt, dass mit dem Essen der verbotenen Frucht die tragische Geschichte der Sünde und der Vertreibung der Menschen aus dem Paradies beginnt. Irgendetwas muss Eva jedenfalls gegessen haben, darüber sind sich schon die jüngeren alttestamentlichen Schriften einig. So hat das Buch Sirach, das gegen Ende des 2. Jh. v. Chr. entstanden ist, die Schuldige genau benannt: »Von einer Frau nahm die Sünde ihren Anfang, ihretwegen müssen wir alle sterben.« (Sir 25,24) Diese Interpretation scheint in der Erzählung von Gen 3 begründet. Die Schlange bietet nämlich Eva etwas zu essen an und Eva isst. Sie ist auch die Einzige, die mit der Schlange spricht und die Frucht vom verbotenen Baum pflückt. Adam ist gewissermaßen das Opfer von Evas Verführungskünsten, denn er bekommt die Frucht schließlich von ihr gereicht. Ihn trifft keine Schuld. Dass aber Eva noch gar nicht erschaffen worden war, als Gott das Verbot aussprach, vom Baum zu essen, und nirgends geschrieben steht, dass Adam ihr das Verbot mitgeteilt hat, wird als möglicher Entlastungsgrund für Eva tunlichst verschwiegen. Doch auch Jesus Sirach spricht nicht von einem Apfel.

Warum aber hat man Eva durch die ganze Kunstgeschichte hindurch mit einem Apfel in der Hand dargestellt, wenn davon in der Bibel nicht die Rede ist? Im Laufe des Mittelalters begann man für arme, ungebildete Menschen, die weder Latein beherrschten noch lesen konnten, biblische Szenen zu illustrieren oder theatralisch zu inszenieren. Diese sogenannten *biblia pauperum* (Bibel der Armen) zeigen Eva immer mit einem Apfel in der Hand. Der Grund dafür ist wohl, dass die lateinische Bezeichnung des Apfelbaums, also *malus*, an das lateinische Wort für »das Böse« – *malum* – erinnert. Eine andere mögliche Erklärung ist, dass in der angehenden frühen Neuzeit der ursprünglich aus dem asiatischen Raum stammende Apfelbaum mittlerweile in Süd- und Mitteleuropa ein sehr verbreiteter Kulturbaum geworden war. Somit sollte vermutlich darauf hingewiesen werden, dass eine derartige Sünde von jedem – d. h. eigentlich von jeder – hätte begangen werden können, denn selbst arme Leute konnten sich einen Apfel leisten. Und so fand der Apfel Einzug in die Tradierung der biblischen Erzählung.

Zweifel an der frauenfeindlichen Auslegung hat es auch immer wieder gegeben. Und wenngleich die moderne Wissenschaft ganz deutlich die Sinnlosigkeit einer derartigen Interpretation belegt, ist ihr Einfluss auf die Rolle der Frau innerhalb der westlichen Gesellschaft leider immer noch zu spüren.

4. Die Keule, mit der Kain seinen Bruder Abel tötete

Kain, the first animal rights fighter!

»Da erhob sich Kain gegen seinen
Bruder Abel und ermordete ihn.«

GEN 4,8

Das Buch Genesis zeichnet ein nicht besonders harmonisches Bild von den ersten Tagen der Menschheit. Kaum hat Gott Adam und Eva als sein Abbild ins Leben gerufen, muss er sie auch schon aus dem Paradies verbannen. Und anstatt sich bei dieser zweiten Chance zu bewähren, versagen die Menschen abermals und die Schuld vererbt sich von der einen zur anderen Generation. Noch bevor der erste Mensch an Altersschwäche stirbt, erschlägt der Ackerbauer Kain seinen Bruder Abel, den Viehzüchter, und flüchtet in ein fremdes Land. Der erste Todesfall der Bibel ist also ein Mord.

Sicherlich ging es den biblischen Autor*innen nicht um die genaue Beschreibung eines Kriminalfalles. In der hebräischen Fassung der Erzählung bleiben nämlich das Motiv, die Waffe und sogar der Tatort vollkommen unerwähnt. Erst die griechische Übersetzung der Geschichte identifiziert zumindest den Ort mehr oder weniger eindeutig: Demnach geschah es »auf dem Feld«. Wie und womit hat Kain also seinen Bruder Abel umgebracht? Hat er ihn erdrosselt oder erstochen oder mit einem Stein erschlagen? Oder hat er ihn mit einem Stock oder eben mit einer Keule zu Tode geprügelt? Der Text lässt der Fantasie der Leser*innen freien Lauf. Die Keule, der Stein oder auch das Ackergerät, die Kain häufig auf Gemälden in den Händen hält, kommen in der Bibel nicht vor. Für die Bedeutung des Textes sind diese Details irrelevant. Es geht vielmehr darum, das Töten eines Menschen als von Gott unerwünschtes Verhalten darzustellen.

Im Hintergrund der Erzählung steht die Verdrängung der Nomaden durch die sesshaften Völker. Die pervertierte Moral der Städter und Siedler zerstört ihre traditionellen sozialen und moralischen Lebenseinstellungen. Somit stehen die zwei Brüder für zwei gesellschaftliche Gruppen: Kain ist der klassische Vertreter der neolithischen Revolution. Er wird sesshaft, widmet sich dem Ackerbau und schafft durch die Steigerung der Produktivität die Möglichkeit der kulturellen Entwicklung der Gesellschaft bis hin zum Wohlstand. Eine Gesellschaft also, wie wir sie heute kennen. Abel hingegen steht für das Nomadentum und ein karges Wüstenleben mit Schaf- und Ziegenhaltung, bei dem Familie, Clan und zwischenmenschliche Beziehungen eine wesentliche Rolle spielen.

Während Kain Früchte der Erde darbringt, opfert Abel ein junges Tier. Um die Anerkennung des Opfers durch Gott entspinnt sich ein Streit zwischen den Brüdern.

Diesen Streit kann man als Kampf zwischen Sesshaften und Nomaden um Land für neue Ackerflächen bzw. Weideland deuten. Aber auch die Verteidigung der eigenen Welt- und Gesellschaftsvorstellung, wird im Kampf zwischen Kain und Abel dargestellt. Nicht zuletzt kann man den Zwist unter den beiden Brüdern auch als Auseinandersetzung über die richtige und gottgewollte Ernährungsweise des Menschen verstehen. Abel tötet Tiere, während Kain die Vorschrift zur vegetarischen – oder gar veganen – Ernährung, die Gott am Beginn der Schöpfung erlassen hat (Gen 1,29), respektiert.

Kain – der erste Tierrechtsaktivist, also? Diese Frage lässt sich heute nicht mehr beantworten.

Um die Geschichte insgesamt besser zu verstehen, sollten wir uns die Situation der Menschen dieser Zeit vergegenwärtigen: Vor etwa 4000 Jahren war es den sesshaften Völkern im Zweistromland Mesopotamien dank des systematischen Ackerbaus mit künstlicher Bewässerung möglich, eine immer größere Anzahl von Menschen zu ernähren. Durch ihre stabile materielle Lage waren sie nicht mehr auf einen hilfsbereiten und fürsorgenden Umgang miteinander angewiesen. In solchen anonymen Gesellschaften wurde es deshalb immer notwendiger, das Verhalten der einzelnen Menschen zueinander durch Gesetze zu regeln. Außerhalb der Städte, also auf dem Land und in der Wüste – dem traditionellen Gebiet der Viehzüchter –, herrschten ganz andere Bedingungen. Dort war man auf Gedeih und Verderb aufeinander angewiesen. Solidarität entstand daher nicht aus Gesetzesgehorsam oder aus einer exzellenten moralischen Haltung heraus, sondern aus reinem Selbsterhaltungswillen.

Das galt besonders für die Kleinstgruppen, die Familien. Mann und Frau mussten wirkliche Partner sein, denn das Überleben des einen hing vom anderen ab. Wenn etwa der Mann in die Stadt ging, um Vieh zu verkaufen und Waren einzukaufen, dann war die Frau allein und musste notfalls Kinder und Vieh vor wilden Tieren oder Räubern schützen. Hier war es notwendig, sich aufeinander verlassen zu können und somit auch eine moralische Praxis, die noch vor jedem

Recht Gültigkeit hatte. Der Mann vom Land konnte sich nicht einfach so auf ein Mädchen aus der Stadt einlassen, das vielleicht schön war und sich nicht lange bitten ließ (in Mesopotamien war die kultische Prostitution üblich), draußen in der Wüste aber unerfahren war und damit für den täglichen Kampf gegen die Natur ungeeignet.

Diesen Gemeinschaftssinn der Nomaden empfanden die Verfasser*innen der Geschichte von Kain und Abel als natürlich und gottgefällig. Die Eigennützigkeit der Städter hingegen war ihnen ein Gräuel. So ist zu erklären, dass der Gott der Erzählung das Opfer des viehzüchtenden Abel annimmt, das Opfer des ackerbauenden Kain hingegen nicht. Trotz dieser klaren Wertung drängte der wirtschaftlich stärkere Ackerbau die viehzüchtenden Wüstenbewohner immer mehr zurück. Diese Aussage kann man auch an den Namen der Brüder ablesen: Kain bedeutet auch »Besitz« oder »Schmied«, Abel kann man mit »Hauch« oder »Nichtigkeit« übersetzen. So wird das selbstverständliche Miteinander der Wüste von dem gleichgültigen Nebeneinander der Stadt abgelöst. Es ist eine schmerzliche Erfahrung, die bildlich mit dem drastischen Motiv des Brudermords dargestellt wird.

Kain und Abel, das von Moralpredigern oftmals mit erhobenem Zeigefinger zitierte Brüderpaar aus den ersten Tagen der Menschheit, ist also mehr als eine Geschichte von Rache und Todschlag. Es ist die niedergeschriebene Erfahrung von einem Kampf der Kulturen. Diese Parabel von Kain und Abel bringt das bisher Unfassbare zum Ausdruck: die solidarische, auf das Wir hin ausgerichtete Kultur der Nomaden ist dem durch Vorschriften und Gesetze geregelten Individualismus der Zivilisation erlegen.

Diese Botschaft ist so wichtig, dass die Beschreibung des Tathergangs und vor allem die Identifizierung der Mordwaffe für die biblischen Autor*innen letztlich irrelevant sind. Ob der erste Mord der Bibel mit einem Stein, einer Keule oder einer der ersten geschmiedeten Waffen verübt wurde, bleibt daher für immer ungewiss.

5. Die Stechmücken auf der Arche Noah

**Noah bedauerte schnell,
gar alle Tiere gerettet zu haben …**

»Und von allem Lebendigen, von allem Fleisch,
zwei von allen sollst du in die Arche bringen […].
Von den Vögeln nach ihrer Art und
von dem Vieh nach seiner Art,
von allen kriechenden Tieren des
Erdbodens nach ihrer Art.«

Gen 6,19–20

Die Erzählung von der Flut, mit der Gott die böse und gewalttätig gewordene Menschheit um das Jahr 2500 v. Chr. (zumindest nach der fiktiven biblischen Chronologie) vernichten wollte, und dabei dennoch einen gerechten Menschen rettet, kommt nicht nur in der Bibel vor. Fast jede Kultur der antiken Welt hat ihre Fluterzählung. Im antiken Griechenland, in China, Afrika und sogar bei den Azteken in Zentralamerika gibt es solche Mythen. Diese Flutbeschreibungen weisen erstaunliche Gemeinsamkeiten auf: die Menschen sind zu einer Störung oder Gefahr für die Götter bzw. für den einen Gott geworden, sodass die Menschheit mit einer riesigen Überflutung oder mit einem gewaltigen Regen zerstört werden soll. Zugleich sollen aber die Tiere und einige gerechte Menschen gerettet werden, sodass Menschheit und Tierwelt weiterbestehen können. Die bekannteste Erzählung einer Flut findet man im Gilgamesch-Epos aus dem 18. Jh. v. Chr. Sie ist auf einer Reihe von Tontafeln festgehalten worden, die man in den Ruinen der antiken Stadt Ninive, der Hauptstadt des assyrischen Reiches, ausgegraben hat. Als Wissenschaftler*innen zu Beginn des 20. Jh. erstmals erkannten, dass diese Erzählung nicht nur viel älter ist als die Noaherzählung, sondern dass die biblischen Autor*innen möglicherweise sogar einige Ausschnitte aus diesem Mythos abgeschrieben haben, entbrannte eine heftige Diskussion unter ihnen. Der so entstandene »Bibel-Babel-Streit« beschäftigte die akademische Welt einige Jahrzehnte lang. Plötzlich musste man feststellen, dass die biblische Erzählung von der

Arche Noah weder historisch wahr noch besonders originell ist. Biblische Autor*innen hatten sie einfach aus den Schriften der Assyrer übernommen. Für manchen Theologen und kirchlichen Würdenträger war diese Erkenntnis ein Skandal, eine Zumutung, ja, eine Sache der Unmöglichkeit. Heute ist unbestritten, dass die literarischen Gemeinsamkeiten zwischen biblischen Texten und Schriften aus der altorientalischen Welt normal und selbstverständlich sind. Klar ist inzwischen auch, dass die biblische Sintfluterzählung – so wie auch ihre altorientalische Parallele – nicht als Tatsachenbericht zu verstehen ist, wenngleich natürlich nicht ausgeschlossen werden kann, dass sich in ihr die Erinnerung an eine reale Naturkatastrophe widerspiegelt.

Die Überraschungen bei der Auswertung der alten Tontafeln aus Mesopotamien beschränkten sich jedoch nicht allein auf die Fluterzählung. Bereits im ebenfalls mesopotamischen Mythos des Atraḫasis, der noch älter ist als das Gilgamesch-Epos, wird berichtet, dass Tiere gerettet werden, und zwar paarweise, so wie in der Bibel. Doch was die Tiere betrifft, ist die biblische Erzählung etwas ganz Besonderes: Zunächst einmal gab es im Lauf der Zeit natürlich eine ganze Reihe von mehr oder weniger seriösen Untersuchungen dazu, welche Tierarten gerettet wurden. Ja, bis vor wenigen Jahrzehnten wurde sogar das Aussterben der Dinosaurier mit dem Platzmangel auf der Arche erklärt. Man stellte Überlegungen an, wie viel Nahrung Noah auf sein Schiff hätte mitnehmen müssen, um die Dinos während der Flut zu ernähren … Was bei den von Noah geretteten Tieren aber besonders ist, ist der Hinweis, dass er auch solches Getier vor dem sicheren Tod bewahrt hat, auf das viele von uns ganz gerne verzichten würden. Es sind die Tiere, die wir selbstverständlich mit Gift bekämpfen oder erschlagen: die Insekten.

Natürlich kennen die biblischen Schriften keine zoologische Systematik, wie sie heute üblich ist. Die neuzeitlichen Speziesbezeichnungen wie »Säugetier«, »Reptil« oder »Vogel« existieren zur Zeit der Bibel nicht. In der Schöpfungsgeschichte werden die Tiere gemäß dem altorientalischen Wissen des 6./5. Jh. v. Chr. in vier Gruppen unterteilt. Diese Untergruppen beziehen sich auf die Fortbewegungsart der Tiere (also kriechen, gehen, fliegen, schwimmen) und auf ihren Lebensraum (Land, Luft und Wasser). Es gibt demnach Landtiere, die auf dem Boden kriechen. Diese können geflügelt oder ungeflügelt, vier-, vielfüßig oder auch fußlos sein. Es gibt die Vierbeiner, die auf dem Boden gehen, und die fliegenden Tiere, die den Luftraum bewohnen. Dazu gehören in der Bibel nicht nur Adler, Tauben oder Raben, sondern z. B. auch Fledermäuse (Lev 11,19). Und schließlich sind da noch die Tiere, die sich im Wasser fortbewegen.

Die Angaben über die Anzahl der von Noah geretteten Tiere sind in der Bibel widersprüchlich. Es wird aber betont, dass er *alle* von Gott erschaffenen Tiere retten soll. Na ja, das heißt fast alle. Denn die Tiere, die im Wasser leben, musste Noah natürlich nicht retten, sie konnten ja selbst schwimmen. Die kleinen Tierchen, die kriechen und fliegen – unsere Insekten also – kommen aber sehr wohl in die Arche mit hinein. Um welche Tiere es sich dabei genau handelt und ob auch unsere liebe Stechmücke unter ihnen ist, lässt sich der Sintfluterzählung leider nicht entnehmen. Um hier klarer zu sehen, kann man andere biblische Texte hinzuziehen. Die in der Bibel übliche Bezeichnung »Kriechtiere« wird in den Übersetzungen häufig mit »Insekten« widergegeben, allerdings sind damit auch Spinnen, Skorpione, Würmer und unterschiedliche Eidechsenarten gemeint, die selbstverständlich heute nicht mehr zu den Insekten zählen. In der hebräischen Bibel findet man neben Bienen und Wespen auch Insekten wie Ameisen, Maden, Motten, Läuse, unterschiedliche Sorten von Käfern, Hornissen, Flöhe, Fliegen, Bremsen, eine Unmenge unterschiedlicher Sorten von Heuschrecken sowie eben auch Stechfliegen und Stechmücken.

Diese Vielfalt ist nicht verwunderlich, denn die Insekten bilden schon zu biblischen Zeiten mit Abstand die artenreichste Klasse der Tiere. Beinahe eine Million Insektenarten sind bisher wissenschaftlich beschrieben worden. Trotz dieser immensen Anzahl weisen alle Insekten einen klaren Aufbau auf, den man heutzutage folgendermaßen zusammenfassen kann: Die wirbellosen Tiere sind daran zu erkennen, dass sie im voll entwickelten Stadium einen aus drei Teilen – Kopf, Brust und Hinterleib – bestehenden Körper besitzen. Sie haben keine Wirbelsäule und keine Skelettknochen. Die Brust besteht ebenfalls aus drei Teilen und trägt bei allen Insekten sechs Laufbeine sowie – bei den geflügelten Insekten – zwei

Flügelpaare. Es ist bemerkenswert, dass auch alle Insekten, die in der hebräischen Bibel vorkommen, sechs Beine haben.

Die detailreichste Beschreibung eines Insekts, die man in der Bibel finden kann, kommt aber nicht in der Noaherzählung, sondern im Buch Levitikus vor (Lev 11,40). Es geht in diesem Text um die Frage, welche »Insekten« man essen darf. Insektenfleisch ist sehr proteinhaltig. Die Erkenntnisse der modernen Ernährungswissenschaften waren also wohl schon den biblischen Autor*innen bekannt. Überraschend ist jedoch, dass die geflügelten Insekten, die dort beschrieben werden, laut Bibel nicht sechs, sondern nur vier Beine haben. Handelt es sich also doch nicht um Insekten? Wenn man den Text genau liest, wird er sogar noch kryptischer. Denn er handelt von Tierchen, die mit *regel* und *chara'* unterwegs sind, also mit »Füßen« und »Unterschenkeln«. Nun, vermutlich handelt es sich hierbei nicht um Stechmücken, sondern um die bekanntesten Insekten der hebräischen Bibel, um Heuschrecken. Diese waren sehr wahrscheinlich auch auf der Arche. Von den insgesamt neun unterschiedlichen Heuschreckenarten, welche die biblischen Autor*innen kennen, kann man einige essen. Heuschrecken sind nicht nur sehr nahrhaft, sondern füllen den Magen wohl auch besser als der eine oder andere Happen Stechmücke.

Tatsächlich werden die Stechmücken auch in der Bibel nur als lästige Störenfriede gehandhabt. In der dritten und der vierten Plage gegen Ägypten kommen zwei verschiedene Insektenarten vor, die Menschen und Tiere stechen, aber nicht genauer benannt werden. Möglicherweise waren es Mücken, vielleicht aber auch Läuse. Beide Insektenarten treten in großer Zahl auf, »umschwärmen« und stechen Mensch und Tier, saugen ihr Blut und verursachen unangenehmen Juckreiz, im schlimmsten Fall sogar erhebliche Schmerzen.

Im Buch Judith werden dann erste – geradezu moderne – Abwehrmaßnahmen getroffen: Der Führer des persischen Heeres schützt sich im Schlaf mit einem Mückennetz. Dafür, dass auch Noah ein Mückennetz dabeigehabt haben könnte, gibt es allerdings keine Anhaltspunkte. Vielleicht haben ihn die Mücken vor lauter Dankbarkeit über ihre Rettung nicht gestochen? Man weiß es nicht. Fest steht: Steckmücken gibt es heute noch; auch wenn sie namentlich in der Noaherzählung nicht genannt werden, haben sie die Sintflut überlebt.

6. Der Regenbogen nach der Sintflut

Gott und die Naturwissenschaften …

»Meinen Bogen lege ich in die Wolken.«

Gen 9,13

Markantun de Dominis wurde 1560 auf der wunderschönen Insel Rab im heutigen Kroatien geboren. Er wurde Priester und da er aus einer adeligen Familie stammte, machte er rasch Karriere. Zuerst wurde er Professor, dann sogar Bischof. Er war ein brillanter Wissenschaftler und erhielt einen Ehrendoktor der Universität von Cambridge. De Dominis soll aber einen schwierigen Charakter gehabt haben; jedenfalls wird er in den Quellen als cholerisch, jähzornig, arrogant, wankelmütig, ja sogar als zügellos beschrieben. In seiner Zeit als Bischof stritt er sich so heftig mit dem Papst, dass er abgesetzt wurde und schlussendlich sogar zur anglikanischen Kirche übertrat, weil England ihm Schutz und Asyl gewährte. Nichtsdestotrotz wurde er von der römischen Inquisition verfolgt und schließlich – nachdem er es sich auch mit seinen englischen Beschützern verscherzt hatte – gefangen genommen.

Seiner Verurteilung entging de Dominis durch seinen natürlichen Tod im Jahr 1624. Beeindrucken ließen sich die Richter und Henker der römischen Inquisition davon aber nicht. Sie setzten den Prozess einfach im Beisein der Leiche fort und verurteilten den mutmaßlichen Ketzer. Anschließend ließen sie ihn von einem Esel durch die Straßen Roms schleifen und am Campo dei Fiori verbrennen, wo seit der Mitte des 16. Jh. Ketzer gepeinigt und hingerichtet wurden.

Als Kirchenmann also hatte Markantun de Dominis kein rechtes Glück, als Wissenschaftler hingegen verfasste er ein Buch, das später sogar René Descartes und Isaak Newton beeinflussen sollte. In seiner Abhandlung über das Licht aus dem Jahr 1611 beschreibt er als Erster die korrekten physikalischen und atmosphärischen Eigenschaften des Regenbogens. Seitdem weiß man, dass ein Regenbogen immer dann zu sehen ist, wenn Regentropfen in der Luft von Sonnenlicht angestrahlt werden und die Beobachter*innen mit dem Rücken zur Sonne stehen.

Diese naturwissenschaftliche Darstellung war zwar nicht der Hauptgrund für die Hinrichtung de Dominis, nichtsdestotrotz wurde sein Buch mit ihm zusammen verbrannt. Grund dafür war, dass man aus der Bibel ganz genau zu wissen meinte, was es mit dem Regenbogen auf sich hatte, hatte diesen doch Gott selbst nach der Sintflut in den Himmel gestellt. Der Regenbogen war seitdem das Zeichen für den Bund Gottes mit den Menschen und nicht etwa eine Folge von Lichtbrechung. Schade nur, dass die strengen Kirchenmänner des 16. Jh. die Bibel – vor allem die hebräische Originalfassung – nicht besonders genau gelesen haben dürften, sonst hätte ihnen auffallen müssen, dass in der Erzählung, die dem Ende der Sintflut folgt, gar kein Regenbogen vorkommt.

Dass in der Bibel nichts von einem Regenbogen geschrieben steht, ändert freilich nichts daran, dass das siebenfarbige atmosphärische Phänomen schon seit der Antike Menschen beeindruckt hat. Es braucht daher nicht zu überraschen, dass der Regenbogen in vielen mythologischen Vorstellungen und Religionen der Antike präsent ist. Auch die Ureinwohner Australiens oder die Inkas in Lateinamerika kannten jeweils einen Regenbogenmythos. Fast immer steht der Regenbogen für eine Brücke zwischen der Welt der Menschen und dem Reich der Götter. So gilt er bspw. in der griechisch-römischen Mythologie als Weg der Götterbotin Iris zur Erde. Die Germanen nannten ihn Bifröst und stellten sich ihn als Brücke zwischen Midgard, der Welt der Menschen, und Asgard, der Welt der Götter, vor.

In der gesamten altorientalischen Erzählwelt allerdings kommt der Regenbogen nirgends vor. In der babylonischen Schöpfungsgeschichte, von der die biblische Erzählung stark beeinflusst ist, gibt es zwar einen Bogenstern, der sogar in der Versammlung der Götter sitzen darf, um einen Regenbogen handelt es sich dabei aber mit Sicherheit nicht. Nur einmal ist innerhalb des Alten Testaments von einem Bogen in den Wolken die Rede, der sich an Regentagen zeigt. Diesen beschreibt der Prophet Ezechiel als ein Sichtbarwerden der Herrlichkeit Gottes (Ez 1,28). Das gleiche Bild wird dann noch zweimal in der Offenbarung des Johannes (Off 4,3; 10,1–2) verwendet. In allen drei Fällen lässt die Beschreibung eher an einen Heiligenschein als an einen Regenbogen denken. Von den verschiedenen Farben eines Lichtbogens ist lediglich im deutlich jüngeren Buch Jesus Sirach (Sir 43,11–12) – das allerdings nur im Kanon der katholischen Bibel vorkommt – zu lesen. Doch keine der genannten Stellen kann mit dem Erscheinen des Regenbogens in Verbindung gebracht werden, wie es vom Ende der Sintflut überliefert wird.

Liest man die Geschichte der Sintflut allerdings genauer, stellt man fest, dass der Regen zu dem Zeitpunkt, als der besagte Regenbogen hätte auftauchen sollen, schon seit mindestens fünf Monaten vorbei war. Physikalisch gesehen ist der biblische Regenbogen also ein Ding der Unmöglichkeit. Natürlich steht es einem allmächtigen Gott frei, Regenbögen erscheinen zu lassen, wo und wann auch immer er möchte, aber vielleicht lässt sich rückblickend auch eine einfachere Erklärung finden, die auf Wundertaten und das Außerkraftsetzen von Naturgesetzen verzichten kann.

Im Hebräischen gibt es nämlich gar kein eigenes Wort für »Regenbogen«. Der Begriff, der nach der Sintfluterzählung gebraucht wird, bezeichnet im übrigen Text der Bibel einen »Kriegs- oder Jagdbogen«. Ein solcher Bogen ist eine gefährliche Waffe, die tödliche Verletzungen zufügen kann. Mindestens zwei der Könige Israels – nämlich Saul und Joram – wurden auf diese Weise getötet. Vor allem aber ist der Bogen die bevorzugte Kampfwaffe Gottes. Was bei der Noahgeschichte hinzukommt, ist die Aussage, dass dieser Bogen in die Wolken gelegt wird. Rein sprachlich gesehen handelt die Stelle also nicht von einem Regenbogen, sondern von einem Kriegsbogen, den Gott im Himmel als Friedenszeichen aufgehängt hat. Diese Vorstellung mag heute ein wenig sonderbar klingen (obwohl man im Deutschen auch sagt: »das Kriegsbeil wurde begraben«), für die antike und vor allem für die altorientalische Götterwelt aber ist sie nicht ungewöhnlich.

In der altorientalischen Mythologie wird vor allem der babylonische Gott Marduk mit dem Bogen im Himmel in Verbindung gebracht. Hintergrund ist ein Konflikt zwischen

Marduk und der Göttin Tiamat, der Gottheit des Meeres. Da diese mithilfe einer gewaltigen Flut alle anderen Götter zu vernichten versucht, tötet Marduk sie kurzerhand mit seinem Kriegsbogen. Daraufhin stellt der höchste Gott, der Himmelsgott Anu, Marduks Bogen in den Himmel. Dieser wird in der Folge zu einem bogenförmigen Sternenbild, das für immer an die gebannte Gefahr der Flut erinnern soll. Der (Sternen-) Bogen am Himmel – möglicherweise eine Beschreibung der Milchstraße und nicht des Regenbogens – ist also ein Symbol des Friedens. Auch das altbabylonische Gilgamesch-Epos teilt diese Vorstellung. Hier wird der von Anu erschaffene Bogen zum Schmuck seiner Tochter Ischtar. Sie ist die »große Mutter« der Menschheit. Nicht zuletzt sind Gottheiten, die mit dem Sternenbogen dämonische Mächte bekämpfen, auch ein beliebtes Motiv von assyrischen Rollsiegeln.

Folgt man der biblischen Erzählung, so verspricht Gott am Ende der Flut, die Erde in Zukunft nicht mehr verfluchen oder zerstören zu wollen. Die biblische Sintflut wird als Kampf Gottes gegen eine gewalttätige Menschheit stilisiert, wobei Gott selbstverständlich mit seiner Lieblingswaffe, dem Bogen, kämpft. Sobald aber der Kampf vorbei ist, und Gott bereit ist, dauerhaften Frieden zu schließen, senkt er seinen Bogen ab und legt ihn in die Wolken; dorthin also, wo Gott lebt. Der Bogen ist nun nicht mehr schussbereit. Der gebogene Teil zeigt nach oben und zielt nicht mehr gegen die Menschen. Damit signalisiert Gott, dass er von nun an nicht mehr gegen das Leben auf der Erde vorgehen will. Mit der ungenauen Übersetzung, die aus einem »Kriegsbogen im Himmel« einen »Regenbogen« gemacht hat, hatte man vermutlich eine stimmige Erklärung gesucht. Diese hat jedoch die Vorstellung der Menschen vom Entstehen des atmosphärischen Phänomens des Regenbogens jahrhundertelang auf einen gewaltigen Irrweg geführt.

7. Moses und das Binsenkörbchen

»Das war keine gute Idee, Mama!«

»Als sie ihn [den Jungen] nicht mehr verborgen halten konnte, nahm sie ein Binsenkästchen, dichtete es mit Pech und Teer ab, legte den Jungen hinein und setzte ihn am Nilufer im Schilf aus.«

Ex 2,3

Über keine andere Gestalt wird im Alten Testament so ausführlich berichtet wie über Moses. Zu nennen wären seine Geburt und das Gespräch mit Gott am brennenden Dornbusch, die Plagen in Ägypten, die Spaltung des Meeres und der Auszug aus der Sklaverei, die Zehn Gebote und die 40-jährige Wüstenwanderung. Dem letzten Tag seines Lebens, streng genommen dem, was er an diesem Tag tat, und den Reden, die er hielt, wird sogar ein ganzes Buch gewidmet, das Deuteronomium. Moses ist der Befreier des Volkes Israel aus Ägypten und wird daher sogar mit dem Stifter der jüdischen Religion identifiziert. Innerhalb der katholischen Kirche galt er bis in die Mitte des vergangenen Jahrhunderts als Autor der ersten fünf Bücher der Bibel, die er noch vor seinem Tod niedergeschrieben haben soll.

Doch je mehr man sich mit der Figur des Moses beschäftigt, je intensiver man den biblischen Text studiert, desto mehr Ungereimtheiten ergeben sich. So bleiben Fragen offen: Wie kann es sein, dass ein und dieselbe Gestalt in so unterschiedlichen Erzählungen eine Schlüsselrolle einnimmt? Und wie erklärt sich, dass der Autorität dieser einen Gestalt ganz verschiedene, ja teils einander sogar widersprechende Gesetze und Rechtssammlungen zugeschrieben werden? Diese und andere Schwierigkeiten erwecken das Interesse am historischen Moses. Wer war dieses Findelkind aus Ägypten, aus dem später das Sprachrohr Gottes und der Führer des von Gott erwählten Volkes werden sollte?

In der Bibel, besonders im Buch Exodus, lassen sich einige Hinweise auf einen möglichen historischen Moses finden. Einen ersten Anhaltspunkt auf der Spurensuche gibt sein Name. Beim Versuch, ihn aus dem Hebräischen zu rekonstruieren, stößt man auf Probleme. Der Name und seine Deutung durch die Tochter des Pharaos sind auf grammatikalischer Ebene nicht miteinander in Einklang zu bringen. Im zweiten Kapitel des Exodusbuches heißt es: »Sie gab ihm den Namen Moses, indem sie sagte: Ich habe ihn aus dem Wasser gezogen.« (Ex 2,10) Zwar könnte man den Namen Moses aus der hebräischen Wortwurzel *msh* (»herausziehen«) ableiten, jedoch entspräche dies der Form eines Partizips aktiv. »Der, der herauszieht« wäre damit die richtige Übersetzung des Namens und nicht: »Der, den ich herausgezogen habe«. Wie Untersuchungen aus den vergangenen Jahrzehnten zeigen, ist der Namen aber gar nicht hebräischen, sondern ägyptischen Ursprungs und lässt sich aus dem ägyptischen Wortstamm *ms/msw* ableiten. Das kann mit »Kind« übersetzt werden. Moses würde dann schlicht »das Kind« bedeuten und dies könnte auf das Aussetzen und den Fund im Wasser des Nils hindeuten. Ein Findelkind also.

Die Geschichte von der Adoption des kleinen Moses dürfte dann tatsächlich auf reale, wenngleich heute nicht mehr beweisbare Begebenheiten zurückgehen. Und auch der Name macht durchaus Sinn. Schließlich wäre es für eine ägyptische Prinzessin selbstverständlich, wenn sie ihrem Stiefkind einen ägyptischen Namen gäbe. Dass aber ausgerechnet der Mann, den man später zum Stifter der jüdischen Religion stilisieren wird, keinen der vielen bedeutungsschwangeren hebräischen Namen trägt, sondern einen – noch dazu recht banalen – ägyptischen, war für die Verfasser*innen der Bibel möglicherweise ein Problem. Eine unerfreuliche Angelegenheit, die sie nicht einfach wegretuschieren konnten, denn es wäre zu offensichtlich gewesen, eine historische Tatsache so plump zu verfälschen. Sehr wohl aber versuchten sie, ihr Problem – zumindest auf der sprachlichen Ebene – abzumildern, indem sie die Geschichte der Rettung Moses hinzudichteten.

Als Moses geboren wird, gilt in Ägypten ein sehr hartes Gesetz: Jeder hebräische Junge muss getötet werden. Die Mutter des kleinen Moses versucht jedoch ihr Kind zu retten, indem sie es in ein Binsenkörbchen – so die gängige Übersetzung – legt und dem Wasser eines Flusses, vermutlich einem Seitenarm des Nils, anvertraut.

Diese Erzählung war in der damaligen Zeit nicht besonders originell. Denn auch ein anderer, damals um einiges bedeutsamerer Mann, teilte dasselbe Schicksal: Sargon, der König der Assyrer. Auch er soll nach seiner Geburt in einen Korb gelegt und dem Fluss überlassen worden sein. Die Legende seiner wundersamen Rettung war in der Zeit, als die Moses-Geschichte verfasst wurde, so etwas wie ein Bestseller. Es ist also nicht besonders überraschend, dass die biblischen Autor*innen sich davon inspirieren ließen, als sie die Anfänge des künftigen Führers des Volkes beschreiben wollten. Warum die durchaus fresslustigen Krokodile des Nils ausgerechnet dieses kleine Kind verschont hatten, wird allerdings nicht erzählt. Ortskundige Leser*innen dürfte die Frage aber sehr wohl beschäftigt haben. Außerdem ist es ein sehr gängiges Motiv der antiken Literatur, dass künftige Führergestalten am Beginn ihres Lebens einer schier unüberwindbaren Gefahr ausgesetzt sind. Romulus und Remus bspw. wurden ebenfalls in einem Korb auf dem Tiber ausgesetzt und später von einer Wölfin gefüttert. Auch Herakles, Ödipus, Jesus und viele andere mussten unmittelbar nach ihrer Geburt eine lebensbedrohliche Situation überstehen.

Und dennoch: Der auf dem Nil schwimmende Binsenkorb ist etwas Besonderes. Die biblischen Autor*innen versuchten so, die jüdische Identität des Moses hervorzuheben. Sie verwenden für das Gefährt ein einigermaßen seltsames hebräisches Wort: *tebah*. Der Begriff kommt in der Bibel insgesamt 28-mal vor; davon lassen sich 26 Belege innerhalb der Sintfluterzählung finden. Dort meint *tebah* immer die »Arche«, mit der Noah die Tiere und die ganze Menschheit gerettet hatte. Die übrigen beiden Vorkommen stehen in unmittelbarem Zusammenhang mit der Geburt und der Rettung Moses. Auch der Umstand, dass beide Schwimmgefäße mit einem Pechanstrich versehen waren, um die Schwimmtauglichkeit zu erhöhen, ist ein zusätzlicher Hinweis darauf, dass die *tebah* des Noah und die des Moses denselben Gegenstand bezeichnet.

Nur leider haben die späteren Bibelübersetzer*innen eigenmächtig in den Text eingegriffen und nunmehr nicht mehr eine kleine Arche auf dem Nil schwimmen lassen, sondern eben ein Binsenkörbchen. Ein solches Gefährt hatten die biblischen Autor*innen aber vermutlich gerade nicht im Blick. Denn sie wollten ja eine klare, wenngleich einigermaßen gewagte Parallele zwischen Moses und Noah schaffen. Das »Binsenkörbchen« des Moses ist also ein Fake. Mehr noch: nicht einmal die Vorstellung von einem solchen Binsenkörbchen hat es damals gegeben. Die Bedeutung der Geschichte ist eine ganz andere: Der künftige Führer und Befreier des Volkes Israels mochte zwar einen ägyptischen Namen tragen, aber er hat zumindest der Erzählung nach schon als Baby genau die Art von Schiff verwendet, die schon einmal das Überleben der ganzen Menschheit gesichert hatte.

Die Geschichte von der Rettung des Moses ist also nicht historisch zu verstehen, sondern symbolisch. Ähnlich wie der legendäre Noah, der mit seiner Arche Tiere und Menschheit vor den Wassermassen der Sintflut bewahrt hatte, wird auch der kleine Moses (und mit ihm das bedrohte Volk Israel) nicht in einem Binsenkörbchen, sondern mit einer Arche gerettet.

8. Die Katzen im Haus des Pharaos

Als das Volk Israel aus der Sklaverei entfloh, blieben den Katzen nur die Ägypter als Bedienstete …

»Es zogen aber auch viele andere Leute
mit den Kindern Israel hinaus,
dazu Schafe und Rinder, sehr viel Vieh.«

Ex 12,38

Israel und Ägypten durchlebten im Laufe ihrer Geschichte eine sehr enge, oft auch angespannte Beziehung. Dies war schon zu Zeiten des Alten Testaments so und hält bis in die Gegenwart an. Der biblischen Erzählung zufolge ist das Volk Israel streng genommen sogar in Ägypten entstanden. Moses, der große israelitische Führer, ist im Haus des Pharaos aufgewachsen und wurde wie ein Ägypter erzogen. Später hat er die Israeliten aus der jahrhundertelangen ägyptischen Sklaverei befreit und bis zur Schwelle des gelobten Landes geführt. Vor diesem Hintergrund ist die religionswissenschaftliche These zu verstehen, nach der der jüdische Ein-Gott-Glaube nichts anderes sei als eine Weiterentwicklung der ersten monotheistischen Religion der Weltgeschichte. Diese Religion entstand, als Pharao Echnaton im 14. Jh. v. Chr. den Sonnengott Aton zum alleinigen Gott über Ägypten erhob. Die Geschichte von Moses und dem Exodus wird interessanterweise kurz nach diesem Ereignis datiert. Wenngleich der historische Ursprung der jüdischen Religion heute nicht mehr restlos geklärt werden kann, so lässt sich doch der ägyptische Einfluss quer durch die ganze Geschichte des Alten Israels hindurch beobachten. Auch in Zeiten, in denen das Volk der Israeliten den Assyrern oder den Persern untertan war, gab es immer pro-ägyptische Gruppierungen in Jerusalem. Während der hellenistischen Zeit war Jerusalem für knapp 150 Jahre sogar Teil des neu errichteten ägyptischen Reiches, des sogenannten Ptolemäer-Reiches, dessen letzte Pharaonin keine geringere als die sagenumwobene Kleopatra war.

Eindeutig ägyptische Einflüsse lassen sich im Alten Testament nicht nur in Zusammenhang mit Moses, sondern auch in der Josefsgeschichte (Gen 37–50) beobachten. Josef legt am Ende des Genesisbuches eine steile Karriere hin und wird sogar zum ägyptischen Gouverneur bestellt. Er erreicht das stolze Alter von 110 Jahren. Das ist das Alter, das in Ägypten als das perfekte Alter galt, das man sich für einen Tod nach einem gelungenen Leben nur wünschen kann.

In beiden Erzählungen, bei Moses wie auch bei Josef, ist die Rede von Balsamierungen, Traumdeutungen, einer Hungersnot, von Orakeln, Zukunftsvisionen und Magie, von gewaltigen Bauten und Magier-Wettkämpfen – allesamt Motive, die wir aus ägyptischen Papyri kennen. In den erzählten Alltagsszenen aus dem ägyptischen Familienleben tragen manche der Protagonisten ägyptische Namen, kleiden, schminken und frisieren sich wie Ägypter, sprechen wie Ägypter und verehren ägyptische Götter. Auch ihre Häuser sind, so wie die ägyptischen, aus Nilschlamm-Ziegeln errichtet und weisen die typische Ausstattung auf: Schlafgemächer, Garten, Kleintempel, Wasserbrunnen und Kornspeicher. Nur etwas, das man in einem ägyptischen Haus oder in einem ägyptischen Tempel, auf einer ägyptischen Straße oder auf den Dächern ägyptischer Gebäude erwarten würde, kommt in der Bibel nicht vor: Katzen. Das ist eigenartig, denn Katzen waren in Ägypten hoch angesehene Tiere und wurden teilweise sogar als Götter verehrt.

Die profanen Katzen hatten vor allem die Aufgabe, die Mäuse und Ratten in den Getreidespeichern zu jagen. Nach und nach hielt die Katze dann Eingang in die ägyptischen Wohnhäuser, denn auch dort musste man sich vor Nagern schützen, die einerseits die Vorräte vertilgten und andererseits Krankheitserreger übertrugen. So waren die Katzen sowohl in armen als auch in reichen Haushalten zu finden und auch in den Heiligtümern der zahlreichen ägyptischen Götter waren sie gern gesehene Gäste. Laut ägyptischen Quellen gab es sogar Tempelbedienstete, die sich ausschließlich um die heiligen Tempel-Katzen kümmerten.

Es war verboten, eine Katze schlecht zu behandeln. Wenn sich eine Katze verletzte, versuchte man sie mit einem Heilungszauber zu kurieren, und wenn eine Katze starb, trauerte das ganze Haus um sie. Nicht selten wurden Katzen sogar einbalsamiert. Ihre Mumien sind heute in zahlreichen Museen auf der ganzen Welt ausgestellt. Und in der Nähe des Haupttempels der Göttin Bastet, der Tochter des Sonnengottes, die meist mit einem Katzengesicht dargestellt wurde, haben Archäolog*innen sogar einen Katzenfriedhof gefunden.

Doch zurück zur Bibel: Im Buch Genesis stehen die Kontakte zwischen der Familie von Abraham, Isaak und Jakob mit den Ägyptern häufig in Zusammenhang mit Hungersnöten. Der Grund dafür ist, dass man in Ägypten fast immer Korn kaufen konnte. So spielt eine ganze Reihe von Szenen vor dem Hintergrund der gewaltigen ägyptischen Kornspeicher, die teilweise sehr ausführlich beschrieben werden. Eine Katze wird nie erwähnt. Auch spielen die Kinder von Josef und Asenath, seiner ägyptischen Ehefrau, nicht mit Katzen, wie es eigentlich von ägyptischen Kindern zu erwarten wäre, und auch die Tochter des Pharaos, die den kleinen Baby-Moses adoptiert hat, wird nie in Begleitung einer Katze dargestellt. Bedenkt man, was für eine herausragende Rolle die Katze in der ägyptischen Gesellschaft spielte, ist dieser Umstand sehr verwunderlich.

Trotz der zweifelsohne sehr starken politischen, sozialen und kulturellen Beeinflussung des Volkes Israel durch Ägypten wird in der gesamten Bibel keine einzige Katze erwähnt. Warum das so ist, weiß eigentlich niemand ganz genau. Unter Umständen könnte die starke Ablehnung gegenüber Ägypten die Ursache sein. Immerhin mussten die Israeliten – folgt man der biblischen Erzählung – über Generationen hinweg als ägyptische Sklaven leben. Zudem wurden sie Opfer einer der ersten Massenvernichtungsmaßnahmen der Geschichte, als der Pharao befahl, alle neugeborenen hebräischen Jungen im Nil zu ertränken.

Eine andere Erklärung könnte sein, dass Katzen für die Israeliten keine besonders attraktiven Haustiere gewesen sein dürften. Im Unterschied zu den sesshaften Ägyptern lebten diese nämlich lange in einem halbnomadischen Verbund von Familienclans und boten somit der ortsgebundenen Katze mit Sicherheit kein geeignetes Refugium. Überhaupt scheinen Haustiere bei den Israeliten nicht besonders hoch im Kurs gestanden zu haben: Nagetiere und Hunde waren als unreine Wesen verpönt, Vögel wurden als Opfertiere dargebracht, Zwergkaninchen und Meerschweinchen gab es noch nicht, sie wurden erst deutlich später aus Amerika eingeführt. Nur ein Wildtyp des heutigen Hamsters dürfte in den wüstenartigen Regionen des Alten Orients bereits heimisch gewesen sein. Doch es ist sehr unwahrscheinlich, dass die kleinen Tierchen in Käfigen mit Laufrädern gehalten wurden. Domestiziert wurden ausschließlich Nutztiere, wie Kamele, Rinder, Ziegen, Schafe, Esel und Maultiere, die allerdings den Karrieresprung zum umsorgten und geliebten Haustier wohl nie geschafft haben.

Obwohl also in der Bibel mehr als 130 verschiedene Tierarten genannt werden – darunter zum Teil auch sehr seltene oder heute bereits ausgestorbene Tiere –, fehlt von der Hauskatze jede Spur. Dafür wird immer wieder von Großkatzen berichtet, von Löwen, Leoparden und Panthern. In der Bibel wird also nicht mit Katzen gekuschelt, dafür aber haben sich die Autor*innen des Alten Testamentes etwas ganz Besonderes einfallen lassen: Für die Zeit, in der der Messias kommt und auf der ganzen Welt Friede herrschen wird, versprechen sie uns ein durchaus exzentrisches Kuscheltier. Dann soll es nämlich – folgt man dem Propheten Jesaja – nicht nur möglich sein, junge Löwen ausgiebig zu knuddeln, sondern auch, mit ihnen spazieren zu gehen (Jes 11).

9. Moses und das Rote Meer

Moses macht ein Selfie und teilt das Meer

»Und du erhebe deinen Stab und strecke deine Hand über das Meer aus und teile es!«

Ex 14,16

Gott, den wir aus dem Neuen Testament als einen Gott der Liebe kennen, tritt im Buch Exodus in der Auseinandersetzung mit dem ägyptischen Pharao ganz und gar nicht freundlich oder gar liebevoll in Erscheinung. Nicht nur, dass er das Volk der Ägypter mit zehn schrecklichen Plagen peinigt, nein, es wird sogar berichtet, dass Gott selbst das Herz des Pharaos verhärtet und ihn somit zum doppelten Opfer seines Machterweises macht. Der Pharao verliert seinen erstgeborenen Sohn und wenig später einen Großteil seiner Streitkräfte, nicht als Strafe für seine eigene Hartherzigkeit gegenüber den Israeliten, sondern weil Gott es war, der ihn für die Bitten des Moses hartherzig und taub gemacht hat. Gelingt es bei anderen brutal erscheinenden, alttestamentlichen Geschichten, Gott mit dem Verweis darauf zu »retten«, all das habe sich niemals so zugetragen, so fällt es uns bei dieser Erzählung deutlich schwerer. Tatsächlich wirkt die Episode vom Auszug aus Ägypten mit all ihren detaillierten Angaben zunächst einmal wie ein historischer Tatsachenbericht. So wird die Auszugsroute genau nachgezeichnet und die Anzahl der ausbrechenden Israeliten mit 600.000 Männern angegeben. Rechnet man Frauen, Kinder und Alte hinzu, kämen wir auf eine Bevölkerungsbewegung von etwa drei Millionen Menschen, die sich samt Schafen, Rindern und Ziegen auf den Weg in die Freiheit gemacht haben sollen. Noch dazu erwähnt die Bibel, dass noch eine große Menge anderer Leute mitgezogen sei – ein Jahrtausendereignis also?!

Versucht man diesen biblischen Befund mit außerbiblischem Material zu stützen, steht man vor erheblichen Schwierigkeiten. Obwohl in den ägyptischen Archiven ansonsten mit akribischer Genauigkeit festgehalten wurde, was an Menschen, Tieren und Gütern über die Grenzen des Landes ein- bzw. ausgeführt worden ist, findet sich nirgends auch nur eine kleinste Notiz, die im Sinne der Bibel als Exodus des Volkes Israel gelesen werden könnte. Angesichts dieses Umstandes erscheint die Zahl, die das Buch Exodus angibt, recht hoch gegriffen.

Daran ändert sich auch nichts, wenn man – wie einige moderne Bibelwissenschaftler*innen – keinen Auszug, sondern eine Art Vertreibung annimmt. Quellen belegen Auseinandersetzungen zwischen Ägyptern und asiatischen Bevölkerungsgruppen. Darin spiegelt sich die Angst der Ägypter vor einer neuerlichen asiatischen Fremdherrschaft wie bspw. die der Hyksos zwischen 1700 bis 1550 v. Chr. Auch die Darstellungen auf der Stele des Pharaos Sethnacht (20. Dynastie, Ende 12. Jh. v. Chr.) zeugen von der Vertreibung einer oppositionellen Gruppe, zu der u. a. Asiaten gehört haben. Doch selbst wenn man darüber hinwegsieht, dass diese These nur sehr unzureichend belegt ist, kommt man bei Weitem nicht an die Größenordnung von drei Millionen Menschen samt ihren Herden heran.

Außerbiblische Belege zum Auszug aus Ägypten sind demnach bis heute nicht bekannt. Doch wenn man die Erzählung im Alten Testament liest, könnte man zunächst meinen, dass solche außerbiblischen Quellen auch nicht unbedingt nötig sind. Das Buch Exodus beschreibt schließlich alles ganz exakt. Dort finden sich sehr präzise Angaben zur gewählten Reiseroute: Anders als zu erwarten gewesen wäre, marschierten die Israeliten nämlich nicht am flachen Ufer der Küste entlang, sondern nahmen einen Umweg durch die Wüste. Der Grund dafür war die Befürchtung Gottes, Israel müsse ansonsten gegen die an der Küste ansässigen Völker kämpfen und würde aus Angst vor einer Niederlage sofort wieder nach Ägypten zurückkehren. Daher ließ Gott sein Volk einen Umweg nehmen, den Wüstenweg zum Roten Meer. So zumindest die gängigen deutschen Bibelübersetzungen.

Doch wenn diese Angabe korrekt sein sollte, hätte die riesige Menschengruppe den Golf von Suez – einen Ausläufer des Roten Meeres – durchqueren müssen, der zwar an der tiefsten Stelle »nur« 95 Meter misst, an einer seiner engsten Stellen aber immerhin noch beinahe fünf Kilometer breit ist. Diese Tatsachen lassen darauf schließen, dass es sich bei diesen biblischen Angaben wohl eher um »leichte« Übertreibungen handelt. Nichtsdestotrotz hat sich die Wissenschaft lange Zeit mit der tatsächlichen Möglichkeit einer solchen Unternehmung beschäftigt, bevor man darauf stieß, dass die Bezeichnung »Rotes Meer« ein Fake ist, das schlicht und einfach durch eine falsche Übersetzung zustande gekommen ist.

Auf Hebräisch wird das Gewässer nämlich als *jam suf* bezeichnet. Das hebräische Wort *suf* kann zwar mit »rot« übersetzt werden, seine Grundbedeutung ist aber »Schilf«. Wie in vielen anderen Fällen auch, ist der Urfehler bereits bei den ersten griechischen Übersetzungen passiert, bei denen das Meer plötzlich ausdrücklich als *eruthros* (rot) beschrieben wird. Im Lateinischen steht dann *mare rubrum* (rotes Meer) und als Folge übertragen beinahe alle modernen Übersetzungen den Ausdruck sinngemäß. Das hebräische Wort für Meer *(jam)* kann aber auch einen See, ein Binnengewässer oder gar ein sumpfiges Gebiet bezeichnen. Aufgrund einer ungenauen Übersetzung ist also aus dem hebräischen »Schilfgewässer« der Golf von Suez geworden. Anders als das Rote Meer lässt sich dieses namenlose Schilfgewässer im Nachhinein nicht mehr lokalisieren.

Der von der Bibel beschriebene Weg führt die Israeliten jedenfalls durch das Ostdelta des Nils. Damit könnte mit Schilfgewässer einer der im Ostdelta gelegenen Binnenseen gemeint sein. Allerdings lassen sich weder die genannten Städte Sukkot und Etam lokalisieren. Die beste Fluchtroute für die zur Fronarbeit in der Ramsesstadt gezwungenen Beduinen dürfte zunächst nach Norden geführt haben, dann entlang des Ostufers des Pelusischen Nilarmes bis zum Dorf Defenneh, das in der Bibel als Baal-Zephon erwähnt wird, und schließlich nach Südosten in Richtung Ballah-Seen, um von dort über die schmalen, häufig überfluteten Landbrücken Ägypten zu verlassen. Diese Route ist u. a. deshalb so realistisch, weil damit der gut bewachte ägyptische Grenzposten Sile umgangen werden konnte. Als Weg für drei Millionen Menschen dürfte diese klassische Fluchtstrecke aber sicher nicht möglich gewesen sein.

Angesichts dieses Befundes sollte man die Zahl der ausziehenden Israeliten deutlich nach unten korrigieren. Und zwar so entschieden, dass man anstatt drei Millionen Menschen bloß eine kleine Gruppe von Menschen annehmen darf, deren Flucht für Ägypten so unbedeutend gewesen ist, dass sie in den Schriften der Pharaonen keinerlei Erwähnung gefunden hat. Der Exodus als eine von Moses initiierte Flucht dürfte sich folglich in einer für damalige Verhältnisse üblichen und eher wenig spektakulären Größenordnung abgespielt haben.

Als die Erzählung von der Volkswerdung Israels im Laufe der Zeit aber eine immer stärkere Bedeutung erhielt, erinnerte man sich an die mündliche Überlieferung von der kleinen Gruppe Israeliten, die einmal vor der im pharaonischen System üblichen Zwangsarbeit geflohen waren und neue Freiheit erlangen konnten. Was von Generation zu Generation als gemeinschaftsstiftende Erinnerung weitergegeben worden war, sollte nun zu einem Nationalmythos ausgeschmückt werden. Der Exodus wurde dabei in erster Linie als Machterweis Gottes verstanden. Der Machterweis eines Gottes, dem man sogar zutraute, dass er das Rote Meer, das in der hebräischen Bibel eigentlich gar nicht vorkommt, spaltet.

10. Die Hörner des Moses

54.878 Steinböcken gefällt das

»Und es geschah, als Moses vom Berg Sinai herabstieg [...], da wusste Moses nicht, dass die Haut seines Gesichtes strahlend geworden war.«

Ex 34,29

Wenn man vor dem Kolosseum in Rom links abbiegt und die schmalen steilen Treppen hinaufsteigt, die auf den heute nicht mehr als solchen erkennbaren Gipfel des Hügels Oppio führen, einer Erhebung des Esquilins – einem der ursprünglichen sieben Hügel, auf denen Rom gegründet wurde –, gelangt man auf einen breiten Platz und steht direkt vor einer der wichtigsten Kirchen Roms: San Pietro in Vincoli. Die meisten Tourist*innen besuchen die Kirche wohl wegen der vielleicht berühmtesten Skulptur von Michelangelo: Moses.

Die Statue ist imposant. Obwohl Moses sitzend dargestellt wurde, ist die Skulptur fast 2,5 m hoch. Der Legende nach schlug der italienische Künstler, als er sein Werk nach 40 Jahren Arbeit vollendet hatte, mit dem Hammer auf das Knie der Marmorgestalt und schrie verärgert: »Warum redest du nicht?«

Ursprünglich war das Werk als Schmuckstück für das Grabmal von Julius II. gedacht, jenem Papst, der veranlasste, dass der heutige Petersdom gebaut wurde. Michelangelo hielt in seiner Statue genau den Moment fest, als Moses zum zweiten Mal mit den Zehn Geboten vom Berg Sinai hinuntersteigt – das erste Mal hatte er die Tafeln zerstört, als er das Volk um das goldene Kalb tanzen sah. Nun hält er die Tafeln unterm rechten Arm und streicht sich mit der Hand durch seinen langen, wallenden Bart. Der strenge, missbilligende Blick gilt zweifellos dem Volk, das dieses Mal jedoch brav auf ihn gewartet hat, ohne neue goldene Kälber anzufertigen. Muskeln, Sehnen, Adern und die feine Ausarbeitung der Falten, die seine Tunika schlägt, machen die Skulptur zu einem Meisterwerk der Kunstgeschichte.

Dem Auftraggeber hätte das Ergebnis zweifelsohne sehr gut gefallen. Es heißt, Michelangelo habe in der Statue die gegensätzlichen Wesenszüge des Papstes wiedergeben wollen: furchterregend und majestätisch, jähzornig und mächtig. Schade, dass Julius II. die Skulptur – und somit sein eigenes prächtiges Grab – nie im fertiggestellten Zustand hatte betrachten können. Als Michelangelo seinen Moses endlich vollendet hatte, war Julius II. nämlich schon seit fast 30 Jahren tot. Er starb 1513 und sollte eigentlich nur vorübergehend unter einer einfachen Marmorplatte im Petersdom begraben werden. Dort liegt er allerdings bis heute, denn seine Nachfolger erachteten es nicht für nötig, den Leichnam zu exhumieren, um ihn neuerlich in dem mittlerweile fertigen Prachtexemplar von einem Papstgrab beizusetzen.

Die Erwartungen der gebildeten römischen Gesellschaft jedenfalls waren groß, als an einem kalten Winternachmittag des Jahres 1542 der Augenblick für die Enthüllung der Moses-Skulptur gekommen war. Die Anwesenden müssen nicht schlecht gestaunt haben, als sie die gewaltige Statue des berühmten Meisters endlich zu sehen bekamen. Ob sie aber genauso verwundert waren wie viele Tourist*innen, wenn sie heute ganz vorne im rechten Flügel der römischen Basilika von San Pietro in Vincoli der Skulptur gegenüberstehen?

Die Verwunderung der heutigen Betrachter*innen hängt mit einem Detail zusammen, das zur Zeit von Michelangelo möglicherweise kein Problem darstellte: zwei Hörner. Zugegebenermaßen sind es zwei kleine Hörner. Sie sind beinahe niedlich, aber doch deutlich auf dem Kopf des Moses zu erkennen. Zu welchem Tier sie gehören könnten, ist unklar und auch irrelevant. Sicher ist aber, dass Michelangelo weder den Juden Moses verhöhnen noch den Gründer der jüdischen Religion als Teufel darstellen wollte, so wie es leider zur Zeit des Nationalsozialismus fehlinterpretiert wurde.

Aber was haben die Hörner dann auf dem Kopf der großen Mosesskulptur zu suchen? Diese Hörner kommen auch nicht in der hebräischen Originalfassung oder in der griechischen Übersetzung vor. Erst als die Bibel im Laufe des 4. Jh. n. Chr. ins Lateinische übertragen wurde, tauchte zum ersten Mal die Vorstellung des gehörnten Moses auf.

Das Ganze hat einmal mehr mit einem Übersetzungsfehler zu tun. Als Moses nämlich vom Berg Sinai herabstieg, wo er allein mit Gott gesprochen hatte, war sein Gesicht – so erzählt die Bibel – strahlend (Ex 34,29). Dafür wird das hebräische Verb *qaran* verwendet, das eben »leuchten, strahlen« bedeutet. Auf Hebräisch wurden ursprünglich aber nur die Konsonanten geschrieben, nicht aber die Vokale. Wenn man die Konsonanten *QRN* mit anderen Vokalen ausspricht, nämlich *qeren*, ist die Bedeutung eine ganz andere und aus dem Verb »strahlen« wird ein Nomen: »Horn«. So ist in der lateinischen Übersetzung aus dem strahlenden Gesicht des Moses eine *facies cornuta*, ein gehörntes Gesicht geworden.

Die Vulgata, die am weitesten verbreitete lateinische Übersetzung der Bibel und für die katholische Kirche deutlich wichtiger als die hebräische Originalfassung, war aber die einzige Version der Bibel, die Michelangelo lesen konnte, denn er beherrschte weder Griechisch noch Hebräisch. Abgesehen davon war die lateinische Ausgabe der Bibel zu jener Zeit sowieso die einzige, die in Rom erlaubt war. Und so wurden in der Hochrenaissance die Hörner und die beiden Tafeln mit den Zehn Geboten zu den zwei Merkmalen, die eine Statue eindeutig als Moses-Bildnis ausweisen konnten.

Da die meisten Kirchenbesucher*innen damals Analphabeten waren und die Inschriften nicht lesen konnten, wurden alle wichtigen Gestalten der Bibel und auch die Heiligen damals immer mit ganz bestimmten Gegenständen abgebildet. So konnten die Gläubigen mit einem Blick erkennen, um wen es sich handelt. Petrus bspw. hat immer einen Schlüssel bei sich und Jesaja eine Säge, da er als Märtyrer zersägt wurde. Korbinian, der heilige Patron von Bayern, wird in Gesellschaft eines Bären dargestellt, die Tiroler heilige Notburga hält eine Sichel und der heilige Georg kämpft mit einem Drachen.

Als Michelangelo seine Mosesskulptur zum ersten Mal dem Publikum präsentierte, reagierte deshalb auch niemand verwirrt oder gar verärgert auf die Hörner, so wie manche Tourist*innen heute.

11. Die Wanne, in der Batseba badete

#MeToo im alten Jerusalem

»Und es geschah zur Abendzeit.
David stand von seinem Bett auf und ging
auf das Dach des Königspalastes.
Da sah er vom Dach aus eine Frau, die badete.
Und die Frau war von sehr schönem Aussehen.«

2 Sam 11,2

Die historische Rekonstruktion von biblischen Erzählungen ist – wie wir nun schon mehrfach gesehen haben – eine schwierige Angelegenheit, denn die Quellenlage ist häufig völlig unzureichend. Das gilt nicht nur für die Geschichten rund um Abraham, Jakob und Moses, sondern auch für die Berichte über die ersten drei Könige Israels: Saul, David und Salomo. Dass sich biblische Erzählungen nur begrenzt eignen, als historische Quellen ausgewertet zu werden, hängt auch damit zusammen, dass die Darstellung selten objektiv ist. Wer nun aber meint, dass die biblischen Autor*innen die reale Geschichte verfälscht haben, um ihre Helden ausschließlich in ein positives Licht zu stellen, irrt sich gewaltig. Ein Beispiel dafür findet man in den Erzählungen über König David. Er erlebt strahlende Momente, hat aber auch einige Schattenseiten.

Eine Episode seines Lebens insbesondere ist nicht so ruhmreich. Diese Facette seiner Lebensgeschichte wird lediglich im zweiten Buch Samuel geschildert. In den jüngeren Texten der Bücher der Chroniken, in denen man David positiv darstellen wollte, wird die Episode schlichtweg ausgelassen.

Das zweite Buch Samuel berichtet folgendes (2 Sam 11): David ist schon eine ganze Weile König in Jerusalem, der Stadt, die er erobert und zur Hauptstadt seines Reiches gemacht haben soll. Sein Königreich ist so gefestigt, dass er an weitere Eroberungszüge denkt, um sein Herrschaftsgebiet auszudehnen. Allerdings hat der König selbst genug von Krieg, Blut, Kampf und Heldentaten. Im Jerusalemer Königspalast lebt es sich angenehmer, luxuriöser und durchaus auch sicherer. Deswegen entscheidet er, als nach der Winterpause die kriegerischen Aktivitäten im Frühjahr wiedereinsetzen, in Jerusalem zu bleiben. Seine Generäle und sein Heer belagern inzwischen die ammonitische Hochburg Rabba, das heutige Amman, die Hauptstadt Jordaniens.

Schon an dieser Stelle wird die kritische Haltung der biblischen Autor*innen spürbar. In seinem Palast zu bleiben, während die eigenen Männer auf dem Schlachtfeld ihr Leben lassen, ist für einen König nicht besonders rühmlich, wenngleich auch nicht unüblich. Klar, der König ist zu wichtig, als dass er sein Leben im Krieg riskieren könnte, also bringt er sich nicht aktiv in den Kampf ein. Aber das heißt nicht, dass David nicht zumindest ins Kriegslager hätte reisen können. Im weiteren Verlauf der Erzählung kommt es noch schlimmer: David langweilt sich in Jerusalem. Er schläft lange und hat genug Zeit, um von seinem Palast aus die Menschen zu beobachten, die in den niedriger gelegenen Häusern der Hauptstadt wohnen. Und so passiert es an einem späten Nachmittag, kurz nachdem er vom Mittagsschlaf (!) aufgewacht ist, dass er eine besonders schöne Frau beim Baden beobachtet. Ihr Name ist Batseba. Er lässt sie holen. Und obwohl er weiß, dass sie die Ehefrau von einem Soldaten seiner Elitetruppe ist, hat er Sex mit ihr. Batseba wird schwanger. Kurzerhand veranlasst König David die Ermordung ihres Ehemannes, der immer treu an der Front für seinen König gekämpft hat.

Um das Ansehen Davids zu retten, von dem später sogar Jesus, der Messias, abstammen soll, hat man im Laufe der Jahre alles getan, um die Schuld von David auf Batseba zu lenken. Sie wurde zur Verführerin stilisiert, die sich absichtlich eine Wanne auf das Dach ihres Hauses hatte stellen lassen, um den König mit ihren Reizen zu betören. So wird sie schließlich Mutter des Thronfolgers. Möglicherweise, so argwöhnte man, habe Batseba sogar bei der Ermordung ihres Gatten die Finger mit im Spiel gehabt. Vielleicht stammte die Idee, ihn aus dem Weg zu schaffen, sogar von ihr? Eine Vielzahl berühmter Maler hat diese Szene verbildlicht und dabei fast immer David in einer abweisenden, teilnahmslosen Haltung dargestellt, während die schöne und sinnliche Batseba offensichtlich alle Künste der Verführung anwendet, um den Armen, Unschuldigen für sich zu gewinnen.

Doch zurück zum ursprünglichen Text: Dieser beginnt mit dem Bad einer jungen, attraktiven Frau. Unwillkürlich denkt man bei diesem Satz gleich an das berühmte Foto von Marilyn Monroe, wie sie mit sinnlich gespitzten Lippen in einer Wanne voller Badeschaum posiert. Leider gab es zur Zeit von David und Batseba weder Schaum noch verheiratete Frauen, die Männern verführerische Blicke hätten zuwerfen dürfen. Sieht man sich den Text genauer an, wird eine Badewanne nicht einmal erwähnt. Und das, obwohl es sie damals schon gab, denn Archäolog*innen haben im alten Orient 3000 Jahre alte Badewannen ausgegraben.

Gleich zu Beginn der Geschichte wird Batsebas Name, wie es in einer patriarchalischen Gesellschaft üblich war, auf ihren Ehemann und auf ihren Vater rückbezogen. Dies könnte auch ein möglicher Hinweis darauf sein, dass Batseba gerade erst geheiratet hatte: Sie trägt zwar den Namen des Hauses ihres Ehemannes, hat aber den Namen ihres Vaters noch nicht ganz abgelegt. Im weiteren Verlauf ist der biblische Text sehr knapp gehalten und deutet gerade in seiner sachlichen Kürze auf ein religiös-rituelles Reinigungsbad hin. Ein solches Bad hat ganz sicher keine erotische Komponente, wie nicht zuletzt das hebräische Vokabular belegt.

Die Möglichkeit, Leben zu schenken, gilt in der antiken Welt als etwas Heiliges und gehört gewissermaßen der Sphäre des Göttlichen an. Deswegen war es in vielen Kulturen erforderlich, dass sich eine Frau mit Monatsblutungen rituellen Waschungen unterzieht. Batseba war also sehr wahrscheinlich dabei, sich rituell zu reinigen, und zwar nicht, weil sie einen Wellnesstag einlegen oder den König verführen wollte, sondern weil das religiöse Gesetz dies von ihr verlangte. Eine derartige kultische Waschung hat mit Verführungskünsten nichts zu tun. Sie wird normalerweise an einem verborgenen Ort des Hauses ausgeführt.

Natürlich kann man sich an dieser Stelle fragen, warum Batseba nicht vor den Blicken Fremder geschützt war, als sie ihrer kultischen Pflicht nachging. Der Text gibt dazu keine Hinweise. Auch die archäologische Forschung ist nicht eindeutig, was die Rekonstruktion von Privathäusern in der Eisenzeit betrifft. Vermutlich gab es in den einfachen Häusern keine Badezimmer. Man wusch sich in einer Ecke des Hofes oder auf dem Flachdach des Hauses. Jedenfalls war eine Frau bei der rituellen Reinigung nie ganz nackt, sondern stets so viel bekleidet wie möglich. Wie bereits erwähnt, deutet das hebräische Vokabular auch darauf hin, dass der Palast etwas höher war als die anderen Häuser bzw. dass er auf einer Anhöhe gebaut worden war. Wenn Batseba erst vor Kurzem geheiratet hatte und noch nicht lange im Haus ihres Mannes wohnte, kann es durchaus sein, dass ihr nicht bewusst war, dass der König sie von seinem Palast aus beobachten konnte. Vermutlich wurde sie gesehen, ohne sich dessen bewusst zu sein. In diesem Fall hätten wir es aber weniger mit einer Frau zu tun, die sich sinnlich lasziv in ihrer Badewanne räkelt, als mit einem männlichen Voyeur, dem es gefällt, halb nackten Frauen nachzustellen.

Sobald Batseba also – höchst wahrscheinlich – unfreiwillig die Lust des Königs geweckt hat, wird sie zu ihm berufen und gehorcht. Dieses Gehorchen ist Batsebas einzige »aktive« Handlung. Nicht einmal die Nachricht, dass sie schwanger ist, wird sie dem König später persönlich überbringen. Stattdessen schickt sie einen Boten. Das zeigt, dass sie ganz und gar keine Vorwände sucht, um den König zu besuchen. David ist derjenige, der Batseba zu sich ruft, sich sexuelle Befriedigung verschafft und später ihren Ehemann töten lässt.

Gerade in Zeiten von *#MeToo* ist es wichtig, zudem die Machtposition des Königs gegenüber der jungen, ihm in jeder Hinsicht unterlegenen Frau hervorzuheben. Batseba kann nicht anders, als dem König zu gehorchen. Auch die sexuelle Aktivität geht im Text deutlich von David aus. »Er lag bei ihr« (2 Sam 11,4), heißt es nüchtern. Nichts deutet auf eine Verführung hin. Im Gegenteil: Einmal mehr wird deutlich, dass Batseba der Lust des Königs wehrlos ausgeliefert war. Ob und in welchem Ausmaß Gewalt im Spiel war, lässt sich aus den wenigen überlieferten Worten nicht schließen. Eine Badewanne, in der sich Batseba aufreizend dem König dargeboten haben könnte, stand aber sicher nicht auf dem Dach ihres Hauses.

12. Der Prophet, der die Zukunft vorhersagt

»Er hat es schon wieder getan!«

»Da wurde erfüllt das Gesprochene
durch den Propheten Jeremia.«

Mt 2,17

9, 10, 24, 28, 39, 42 und die Superzahl 3 waren die Gewinnzahlen aus der Lotterie 6 aus 49, die am 5. Dezember 2007 zum bisher höchsten Lottogewinn Deutschlands führten: 45,4 Millionen Euro. Es bedurfte 13 Ziehungen, bis schließlich ein Gewinner ermittelt werden konnte. Dieser hatte gerade einmal drei Tipps abgegeben. Bei einem Interview sprach er von Glück. In der Tat, wer einen Lottojackpot knackt, braucht vor allem Glück. Es sei denn – und dieser Traum ist den meisten Lottospieler*innen wohl schon mehrmals durch den Kopf gegangen – er besäße die Fähigkeit, Zukünftiges vorherzusagen, in sich selbst zu erfragen, was das Morgen bringen wird und als Anwendung dieser Kunst die Zahlen, welche der Zufall wählen wird, schon im Vorhinein zu kennen.

Ein Prophet müsste man sein, wollte man die Mitspieler*innen auf der Strecke lassen. Denn die Propheten der Bibel, so die allgemeine Meinung, konnten in die Zukunft sehen. Auch heute noch lehrt die Kirche, dass diese auserwählten Menschen dem Volk Israel von Gott gesandt worden sind, um Jesus Christus, den Messias, Jahrhunderte vor seiner Geburt anzukündigen. Mit dieser Aussage hat die christliche Verkündigung ganz wesentlich dazu beigetragen, dass der ursprünglich vielschichte Begriff »Prophet« eine starke Bedeutungsverengung erfahren hat und heute meist nur noch auf das Vorhersehen von Zukünftigem bezogen wird. Leider liegt auch in diesem Fall ein gewaltiger Irrtum vor, oder eben ein Fake: Einen Propheten, der in die Zukunft sehen kann und diese voraussagt, gibt es in der Bibel nicht.

Zunächst einmal lässt sich feststellen, dass innerhalb der sogenannten prophetischen Bücher nur die wenigsten Texte von zukünftigen Ereignissen handeln. Und selbst an den Stellen, an denen unserem heutigen Wortverständnis nach »prophezeit« wird, handelt es sich um beispielhafte Visionen, die sich symbolbeladen um den Mythos der Endzeit ranken. Dem gegenüber steht eine Vielzahl an Prophetenerzählungen, die in erster Linie für die Gottheit und in weiterer Folge für eine gottgefällige Gesellschaft Zeugnis ablegen sollen. Auch der häufigste biblische Ausdruck für Israels Propheten lässt von Zukunftsvisionen nichts erkennen: Das hebräische *nabi'* bedeutet nämlich »berufener Rufer« und auch seine Wiedergabe in den griechischen Übersetzungen mit *prophetes* meint dem Sinn nach einen Sprecher Gottes vor dem Volk.

Analysiert man die biblischen Berichte über Debora, Samuel, Eljia, Elischa, Hulda und all die anderen Propheten und Prophetinnen, die in Israel gewirkt haben, sowie die den sogenannten Schriftpropheten zugesprochenen Bücher Jesaja, Jeremia, Ezechiel, Daniel, Hosea, Joel, Obadja, Jona, Micha, Nahum, Habakuk, Zefanja, Haggai, Zacharia und Maleachi in ihrem sozialen und geschichtlichen Kontext, ergibt sich ein differenziertes Bild. Die »berufenen Rufer« waren aller Wahrscheinlichkeit nach politisch ungebundene Prediger, die meist eine oppositionelle Haltung gegenüber den Machthabern vertraten. Zwar handelt es sich bei den Texten selten um authentische Worte des betreffenden Propheten, sondern um Erinnerungen von deren Schülern, so lassen sich nichtsdestotrotz Rückschlüsse darauf ziehen, wer ein Jeremia, ein Jesaja oder ein Amos gewesen sein könnte.

Alles in allem dürften diese sozusagen »freischaffenden« Propheten ganz unterschiedlichen sozialen Schichten angehört haben. Ihre Legitimation erhielten sie für gewöhnlich dank einer Berufungserfahrung, durch die sie aus ihren Familien, ihrer Beschäftigung und ihrem Alltag herausgerissen wurden. Als oppositionelle Einzelkämpfer richteten sie sich überall dort gegen das Schweigen, wo ihrer Meinung nach Unrecht geschah. Dank brachte ihnen das keinen ein. Vielmehr waren die meisten von ihnen ausgestoßen und verachtet. Ein Grund für dieses gesellschaftliche Randdasein dürfte aber vor allem darin gelegen haben, dass sie eben nicht die Zukunft vorhersagen konnten, sondern dass sie sich ganz konkret und kritisch auf die Gegenwart bezogen. Im Namen Gottes deckten sie soziale Missstände auf, legten ihren Finger in die Wunde, prangerten die Schuldigen an, riefen zur Umkehr auf und drohten dem Volk, das nicht auf Gott hören wollte, Unheil an.

Propheten gab es nicht nur in Israel, sondern in der gesamten antiken Welt. Hof- und Tempelpropheten beispielsweise prophezeiten sehr wohl mögliche Ereignisse, doch taten sie dies stets interessensorientiert im Sinne des amtierenden Königs bzw. der Priester, denen sie untergeben waren. Dass ihre Weissagungen meist gar nicht eintrafen bzw. so schwammig formuliert waren, dass sie anhand der Realität weder belegt noch widerlegt werden konnten, störte dabei niemanden.

Die Bibel selbst berichtet u. a. vom Seher Bileam, der nicht nur im Buch Numeri vorkommt, sondern auch in einer Wandinschrift aus Tell Deir ʿAlla aus dem 8. Jh. v. Chr. Dort finden auch die 450 Propheten des kanaanitischen Gottes Baal Erwähnung, die Elija bekämpft und schließlich töten lässt. (1 Kön 18)

Wenn es aber wirklich um Zukunftsvisionen gehen soll, handelt es sich bei der Mehrzahl der biblischen und altorientalischen Geschichten über die Prophetie um sogenannte *vaticinia ex eventu*, also »Weissagung *nach* dem Ereignis«. Das bedeutet, die eigentliche Prophetie des Ereignisses erfolgt, nachdem das Ereignis bereits stattgefunden hat. Das »Genre« Prophezeiung wurde also genutzt, um die Vorherbestimmtheit von Ereignissen zu unterstreichen. So auch für die angeblichen Zitate über den Messias. Sie haben das Ziel, Jesus als den von Gott angekündigten Höhepunkt der Weltgeschichte darzustellen. In ihrem ursprünglichen Kontext waren sie aber meist nicht als Verheißungen gedacht, sondern wurden erst im Nachhinein von den Autor*innen des Neuen Testamentes als solche gedeutet. Dass Jesus von der Mehrzahl seiner Zeitgenoss*innen nicht wirklich als Messias anerkannt wurde, zeigt auch, dass die eindeutige Verknüpfung zu derartigen Ankündigungen erst nach seinem Tod durch die Menschen erfolgt ist, die an ihn glaubten und dies zu legitimieren versuchten.

Dieser literarische Trick geht so weit, dass manchmal sogar falsche historische Episoden erfunden wurden, nur um eine Prophezeiung als erfüllt darzustellen. Die Zukunft vorhergesagt haben die biblischen Propheten*innen also gerade nicht. Deshalb wären sie auch heute keine guten Ratgeber im Lotteriegeschäft. Nach der Ziehung die richtigen Zahlen zu »prophezeien«, führt leider weder zu Gewinn noch zu Ruhm.

13. Die Jungfrau, die ein Kind gebar

»Der Engel Gabriel wurde von Gott […] gesandt, zu einer Jungfrau. […] Da sagte der Engel zu ihr: Fürchte dich nicht, Maria, […] du wirst schwanger werden und einen Sohn gebären, und du sollst seinen Namen Jesus nennen […]. Maria aber sprach zum Engel: Wie wird dies geschehen, da ich keinen Mann kenne?«

Lk 1,26–34

Die Ankündigung der Geburt Jesu ist eine der spannendsten und gleichzeitig schwer zu verstehenden Erzählungen des Neuen Testamentes. Während die Geburt für das Markus- und das Johannesevangelium sowie für Paulus und die übrigen Autor*innen der Briefliteratur des Neuen Testamentes uninteressant gewesen sein dürfte und deswegen verschwiegen wurde, schenken ihr sowohl das Lukas- als auch das Matthäusevangelium besondere Aufmerksamkeit. Beide Evangelien berichten zwar ganz unterschiedlich von diesem Ereignis, sie sind sich dennoch einig darin, dass die Mutter des kleinen Jesus eine Jungfrau war.

Im Lukasevangelium ist es Maria selbst, die sich als solche outet. Sie kenne keinen Mann, sagt sie dem Engel (Lk 1,34). Mit dem griechischen Verb *gignosko* (kennen, erkennen) wird das aramäische *yadach* – Aramäisch ist Marias Muttersprache – wiedergegeben, das ebenfalls »kennen, erkennen« bedeutet. In der Bibel kommt es, nachdem ein Mann eine Frau »erkannt« hat, immer zu einer Schwangerschaft und zur Geburt eines Kindes. *yadach* kann also im Fall einer Beziehung zwischen einem Mann und einer Frau zweifelsohne als ein »sexuelles Kennen« gedeutet werden, das zu einer Schwangerschaft führt. Dass mit »kennen« hier also etwas anderes gemeint ist, als wir heute darunter verstehen, sieht man auch daran, dass Maria sehr wohl Männer kennt, mit einem ist sie sogar verlobt: Josef. Was Maria dem Engel also mitteilt, ist, dass sie noch nie mit jemandem geschlafen hat. Diese etwas unglücklich geratene Übersetzung des griechischen Textes des

Neuen Testamentes rührt daher, dass jede Anspielung auf sexuelle Aktivitäten in Bezug auf die Gottesmutter natürlich vermieden werden musste.

Das Matthäusevangelium legt jedoch noch eine Schippe drauf und teilt den Leser*innen mit, dass das Ganze sogar als Erfüllung einer Prophezeiung geschah. Im Buch des Propheten Jesaja heißt es: »Siehe, die Jungfrau wird schwanger sein und einen Sohn gebären […]« (Mt 1,23 in Anspielung auf Jes 7,14).

Ein klarer Fall also, wie man meinen könnte. Zumindest meinten das die Bischöfe, die 553 n. Chr. bei einem Konzil in Konstantinopel feierlich deklarierten, dass die »heilige, glorreiche, immerwährende Jungfrau Maria wahrhaftig die Gottesgebärerin« sei. Dabei bekräftigten sie eine Entscheidung, die mehr als 100 Jahre zuvor (431 n. Chr.) bei einem anderen Konzil in der kleinasiatischen Stadt Ephesus getroffen wurde. Dort hieß es: Maria hat nicht nur den Menschen Jesus, sondern auch den Gott Jesus geboren, denn in Jesus sind göttliche und menschliche Natur vereint. Sie ist also die Gottesgebärerin.

Die Sache mit der Jungfräulichkeit kam einfach ohne große Erklärung hinzu, sie wurde erst 649 n. Chr. in einer Zusammenkunft von Bischöfen in Rom endgültig festgelegt. Diese Annahme war und ist allerdings nicht ganz unproblematisch, und zwar nicht nur, weil es nach einer natürlichen Geburt biologisch unmöglich ist, die Jungfräulichkeit zu bewahren. Es gibt auch keinerlei Parallelen zu einer solchen Vorstellung, weder in der altorientalischen noch in der ägyptischen Welt und schon gar nicht in der biblisch-jüdischen Tradition. Somit musste die jungfräuliche Geburt auch für die antiken Leser*innen nahezu unverständlich gewesen sein. Gewiss, in den griechischen Mythen ist immer wieder von einer jungfräulichen Empfängnis die Rede, meist dann, wenn Götter mit (menschlichen) Frauen ein Liebesverhältnis eingehen. So zum Beispiel Apollon mit Periktione, der Mutter Platons, Zeus mit Danaë, der Mutter des Perseus, außerdem Zeus oder Amun mit Olympias von Epirus, der Mutter von Alexander dem Großen. Aber nur ein einziges Mal ist in der antiken Literatur die Rede von einer Jungfrauengeburt (also nicht bloß Empfängnis), nämlich in der 4. Ekloge von Vergil. Allerdings wird hier im Text nicht klar, wer diese Frau ist, noch wer das Kind ist. In der Bibel hingegen ist nur von Frauen die Rede, die als unfruchtbar galten, aber dennoch – meist durch göttliche Hilfe – Kinder bekommen haben.

Nichtsdestotrotz ist die Sachlage in den Evangelien klar formuliert: Maria hat jungfräulich empfangen. Daran soll man also glauben, wenn man die Lehre der christlichen Kirchen – ob katholisch, protestantisch oder orthodox spielt hierbei keine Rolle! – anerkennt. Nur die angebliche Weissagung des Propheten Jesaja von einer Jungfrau, die ein Kind gebären wird, die gibt es in der Bibel so nicht. Haben die Autor*innen des Matthäusevangeliums also Fake News verbreitet?

Nähert man sich den Texten einmal ganz unbefangen, lässt sich eine Reihe interessanter Beobachtungen anführen: Zunächst einmal muss man festhalten, dass die Evangelien auf Griechisch verfasst wurden, während das Buch Jesaja ursprünglich auf Hebräisch geschrieben wurde. Für das Jesaja-Zitat gebraucht das Matthäusevangelium eine sehr alte griechische Übersetzung aus dem Hebräischen, die heute als Septuaginta bekannt ist. Der Legende nach haben 70 Gelehrte unabhängig voneinander die Übersetzung zur gleichen Zeit angefertigt und sind zu 70 gleichen Ergebnissen gekommen. Soweit die Legende.

Da jede Übersetzung aber nicht nur für Fehler anfällig ist, sondern an sich schon eine Interpretation darstellt, empfiehlt es sich, den hebräischen Text selbst ins Auge zu fassen. Hier ist der Wortlaut deutlich anders: »Siehe«, so heißt es beim Propheten Jesaja, »die junge Frau ist schwanger und wird einen Sohn gebären« (Jes 7,14).

Das Jesajabuch verwendet das Wort *ʿalmah*, das eine junge, heiratsfähige und geschlechtsreife Frau meint. Diese kann eine Jungfrau sein, muss es aber nicht. Auf Hebräisch gibt es nämlich noch ein anderes Wort, *betulah*, das die Jungfräulichkeit einer Frau bezeichnet und das die Autor*innen des Textes hätten verwenden können bzw. müssen, hätten sie tatsächlich von einer Jungfrau und nicht bloß von einer jungen Frau berichten wollen. Der Begriff *betulah* wurde seinerzeit häufig gebraucht und war sehr wichtig vor allem in Fragen des Sexualrechts. In der damaligen, sehr männerzentrierten Gesellschaft war im Fall einer Heirat die jungfräuliche Tochter für die Familie wertvoller als eine, die keine Jungfrau mehr war. Es ist also bestimmt kein Zufall, wenn im hebräischen Text von einer *ʿalmah* und nicht von einer *betulah* die Rede ist. Zudem deuten sowohl der Kontext der Erzählung als auch der Umstand, dass Jesaja das Wort »junge Frau« mit einem bestimmten Artikel versieht, also von »der jungen Frau« redet, darauf hin, dass diese Frau dem Propheten und seinen Zuhörer*innen bekannt gewesen sein muss. Das Kind der *ʿalmah* aus der Jesajaerzählung – davon gehen die führenden Jesaja-Forscher*innen heute aus – ist somit nicht mit Jesus, dem erwarteten Messias der Endzeit, gleichzusetzen, sondern dürfte ein künftiger Sprössling aus der Umgebung des Propheten bzw. seiner Adressaten gewesen sein. Sehr wahrscheinlich handelt es sich um den Sohn von Ahas, dem damaligen König vom Reich Juda. Möglicherweise ist der spätere König Hiskija gemeint, der in der Bibel äußerst positiv dargestellt wird, weil er eine Kultreform gegen den Götzendienst durchgeführt hat. Die junge Frau im Jesajabuch ist daher vermutlich Abi, die Gattin des Königs Ahas.

Schuld an der späteren Verwechslung ist aber nicht nur Jesaja mit seiner für uns heute mehrdeutigen Prophetie, sondern es sind vor allem die griechischen Übersetzer des Jesajabuches. Diese hätten nämlich das griechische Wort *neanis* gebrauchen müssen, hätten sie, wie es von Jesaja beabsichtigt war, »junge Frau« oder »Mädchen« übersetzen wollen. Sie taten es aber nicht, sondern verwendeten stattdessen das Wort *parthenos* – »Jungfrau«. Die lateinische Übersetzung spricht in der Folge konsequenterweise von einer *virgo*, was ebenso »Jungfrau« bedeutet.

Die ganz konkrete Gestalt von Abi, der jungen, sicher nicht jungfräulichen Königsgattin wird somit zur vagen Idee einer gebärenden Jungfrau, einem Paradoxon, das sich etwa 700 Jahre später für die Autor*innen der Evangelien von Lukas und Matthäus aber wohl gerade deshalb anbot, weil es durch seine Spannung das Geheimnis von der Göttlichkeit Jesu zum Ausdruck bringt.

14. Der Komet bei Jesu Geburt

War das jetzt ein Komet oder ein Meteorit?

»Als Jesus [...] geboren wurde, kamen Sterndeuter aus dem Osten nach Jerusalem und fragten: Wo ist der neugeborene König der Juden? Wir haben nämlich seinen Stern im Osten gesehen.«

Mt 2,1–2

Er ist Teil einer jeden Krippe, er schmückt Türeingänge und die Spitze von Weihnachtsbäumen und er ist eine beliebte Form für Kekse und Weihnachtsleckereien: der Komet mit seinem langen Schweif und mit seinen vielen Zacken, dessen Strahlen auf die Krippe des Jesuskindes hinweisen. Dieser Komet ist von Weihnachten nicht mehr wegzudenken, ein beliebter Dekorartikel, vielfältig einsetzbar. Schade nur, dass er in den Erzählungen von Jesu Geburt, wie sie in den Evangelien überliefert sind, nicht vorkommt.

Der Komet ist aber nicht der einzige Fake, auch Ochs und Esel, die Geburtsgrotte und die drei Könige werden in der Bibel nicht erwähnt. Während die übrigen traditionellen »Zutaten« der Weihnachtsgeschichte aber wenigstens in den sogenannten Apokryphen Evangelien vorkommen – also in jenen Evangelien, die die frühe Kirche nicht in das Neue Testament aufgenommen hat –, fehlt von dem Kometen von Bethlehem auch hier jede Spur. Lediglich die etwas seltsame Geschichte von einem Stern, der aufgeht, um die Geburt des Königs der Juden anzuzeigen, wird im zweiten Kapitel des Matthäusevangeliums wiedergegeben. Dieser Stern dient den Weisen, die aus dem Morgenland kamen, um dem neugeborenen König zu huldigen, als Wegweiser.

Woher kommt dann aber die Vorstellung von einem geschweiften Stern? Der Erste, der im Zusammenhang mit dem Matthäusevangelium von einem Kometen sprach, war Origenes, einer der größten christlichen Theologen in den ersten Jahrhunderten der frühen Kirche. Ähnlich wie er beharrte auch Johannes von Damaskus, der sich neben der Theologie auch mit Astronomie beschäftigte, darauf, dass der mysteriöse Stern bei Jesu Geburt nur ein Komet sein konnte. Hat der Stern aus dem Matthäusevangelium seinen Aufstieg zum Kometen also letztlich vielleicht einem Bild in einer kleinen Kirche zu verdanken? Der Schauplatz ist dieses Mal Padua in Norditalien. Dort bedeckte der berühmte Maler Giotto das Gewölbe der Scrovegni-Kapelle mit wunderschönen Fresken, die Episoden aus dem Leben Jesu abbildeten. Bei der Geburtsszene malte er oberhalb der Krippe einen Kometen. Eine rot-gelbe Kugel mit einem Schweif, die quasi auf der Dachkonstruktion ruht, unter der die Heilige Familie verweilt. Es war das Jahr 1303 und der Komet, den Giotto zeichnete, gilt heute als eine der ältesten Abbildungen des Halleyschen Kometen, den Giotto selbst zwei Jahre zuvor beobachtet hatte.

Trotz der wunderschönen künstlerischen Darstellungen kommt der Halleysche Komet als möglicher Kandidat für den Stern von Bethlehem allerdings nicht infrage. Es stimmt zwar, dass dieser Komet mit einer gewissen Regelmäßigkeit – nämlich alle 74 bis 79 Jahre – mit bloßem Auge von der Erde aus beobachtet werden kann, jedoch soll sich dieses Naturschauspiel historischer Quellen zufolge bereits im Oktober des Jahres 12 v. Chr. ereignet haben. Etwas zu früh also, um Jesu Geburt anzukündigen, die frühestens im Jahr 7. v. Chr. stattgefunden haben kann. Im Lauf der Jahrhunderte gab es aber noch andere Theorien, die versuchten, dieses Problem mit astronomischen Beobachtungen zu lösen. So stellte der

Astronom Johannes Kepler zu Beginn des 17. Jh. n. Chr. fest, dass um das Jahr 7. v. Chr. eine besonders helle Konjunktion von Jupiter, Saturn und Mars stattgefunden habe, also eine Annährung von Himmelskörpern, die von der Erde aus gesehen als »Berührung« wahrgenommen werden kann. Derartige Erklärungsversuche gibt es viele.

Möglicherweise hatte der Stern – und später der Komet – aber auch einen ganz anderen Hintergrund. Im Matthäusevangelium wird mit den historischen Fakten nämlich recht locker umgegangen, wie man nicht zuletzt an der völlig fiktiven Genealogie, also Jesu Stammbaum am Anfang des Buches, erkennen kann. Diese Genealogie besteht aus einer dreiteiligen Aneinanderreihung von jeweils 14 wichtigen Persönlichkeiten aus der Geschichte Israels. Es handelt sich dabei nicht um einen realen Stammbaum, sondern um symbolische Angaben. Es ist gewissermaßen ein literarischer Kunstgriff, um die Bedeutsamkeit von Jesus zu unterstreichen. Auch in der Fortsetzung der Erzählung verwenden die Autor*innen eine Vielzahl von Symbolen. Für die Annahme, dass es sich auch bei unserem Stern um ein solches Symbol handelt, spricht auch, dass Jesus nicht der Erste war, dessen Geburt von einem Stern angekündigt wurde. Bereits die Geburt von Mithridates IV., einem berühmten König aus Kleinasien und erbittertem Gegner der Römer, sowie die Geburt von Alexander dem Großen werden mit astronomischen Ereignissen in Verbindung gebracht. Auch die symbolische (Wieder-)Geburt des Octavian als Kaiser Augustus und Nachfolger von Julius Caesar oder die Geburt Caesars als göttliche Gestalt nach seiner Ermordung werden ebenfalls von einer besonderen himmlischen Erscheinung begleitet. Plinius beschreibt dieses astronomische Ereignis als »Komet« und berichtet weiter, dass dieser sogar in einem römischen Tempel verehrt wurde. Schließlich wird auch das Haupt von Kaiser Augustus auf Darstellungen von einem Stern geziert, wie wir beispielsweise von Münzen wissen, die er mit seinem Porträt prägen ließ. Diese Sternenzier ist ein Vorläufer der späteren Heiligenscheine.

Sterne am Himmel – so könnte man zusammenfassen – waren und sind grundsätzlich ein Symbol für die Geburt bedeutsamer Menschen. Das Matthäusevangelium bedient sich dieser Symbolik und lässt sich außerdem von einer kryptischen Passage aus dem Alten Testament inspirieren, in der das Aufgehen eines Sterns als Zeichen für das Kommen einer messianischen Gestalt interpretiert wird (Num 24,17).

Ganz egal, aus welchem Blickwinkel man die Erzählung des Sterns von Bethlehem betrachtet, man kommt – abgesehen vom symbolischen Charakter des Himmelskörpers – auf keine zufriedenstellende Erklärung. Fest steht, dass der Komet die spätere Erfindung eines begnadeten Künstlers war, und dass auch die Beschreibung eines auffälligen Sternes nicht unbedingt auf einem tatsächlichen Ereignis beruhen muss. Die Geburtserzählung des Matthäusevangeliums hatte vielmehr das Ziel, Jesus schon zu Beginn seines Lebens als den Messias und neuen König der Juden auszuweisen. Genau dies wird später auch der offizielle Grund für seine Verurteilung und

Kreuzigung sein. Auf diese Weise schafft das Matthäusevangelium einen literarischen Rahmen für die Erzählung vom Leben Jesu. In dieser Gesamtkomposition ist der Stern von Bethlehem lediglich eine kometenhafte Nebenerscheinung.

15. Josef, der Zimmermann

Im Jahre 2000 vor IKEA ...

»Jesus kam in seine Heimatstadt und lehrte die Menschen in ihrer Synagoge, sodass sie [...] sagten: [...] Ist er nicht der Sohn des Zimmermanns?«

Mt 13,54-55

Reist man als Tourist*in oder als Pilger*in ins Heilige Land, kommt man nicht umhin, Nazareth zu besichtigen. Nazareth ist heute die Stadt im israelischen Staatsgebiet mit der größten Anzahl an arabischstämmigen Bürger*innen – Juden, Muslimen und Christen. Berühmtheit hat Nazareth erlangt, weil es in den Evangelien heißt, dass Maria und Josef von dort stammen und dass Jesus selbst dort drei Jahrzehnte lang gelebt und gewirkt hat. Mehr noch, in der modernen Bibelwissenschaft geht man sogar davon aus, dass Jesus in Nazareth und nicht in Betlehem geboren wurde, wie es das Matthäus- und das Lukasevangelium berichten. Die Ergebnisse der jüngsten Ausgrabungen ergaben, dass Nazareth zur Zeit Jesu ein kleines, völlig unbedeutendes Dorf, eine unscheinbare Ansammlung von Häusern auf einer Anhöhe war. Vermutlich lebten dort zwei bis drei Familienclans, schätzungsweise 300 bis 400 Menschen, die ein bisschen Viehzucht und Landwirtschaft betrieben. Diese war auf den sehr steilen Hängen nur durch Terrassenanlagen möglich, deren Mauern auf einem der Abhänge von Archäolog*innen freigelegt werden konnten.

Seit gut 20 Jahren aber führen die Touristenrouten nicht nur nach Nazareth, sondern auch in die deutlich größere, etwa 8 km nördlich gelegene Stadt Sepphoris. Sie kommt weder im Alten Testament noch im Talmud vor und wird auch nicht in den Evangelien erwähnt. Möglicherweise ist diese Stadt aber von besonderer Bedeutung, wenn man etwas mehr über das Leben Jesu herausfinden will, als uns die Evangelien verraten. Immerhin weiß man so gut wie nichts über die

30 Jahre, die Jesus in Nazareth verbracht hat. Nazareth war damals so etwas wie ein Vorort von Sepphoris. Es ist also unwahrscheinlich, dass der junge Jesus mit seinen Freunden nie in Sepphoris gewesen sein soll.

Sepphoris erhielt erstmals um ca. 100 v. Chr. eine Befestigungsmauer und wurde 50 Jahre später sogar römischer Verwaltungssitz. Nach dem Tod von König Herodes dem Großen im Jahr 4. v. Chr. kam es zu einer Revolte gegen die römische Obrigkeit, weshalb Publius Quinctilius Varus, der damalige Gouverneur der römischen Provinz Syrien, die Stadt dem Erdboden gleichmachen ließ. Erst ein Jahrzehnt später erhielt Herodes Antipas, ein Sohn von Herodes dem Großen, die Erlaubnis, die Stadt neu aufzubauen. Antipas hatte seine Ausbildung in Rom erhalten und ließ Sepphoris als römisch-hellenistische Stadt wiedererrichteten. So entstand eine mit gebrochenen Marmorsteinen ausgelegte Prunkstraße mit Säulen an beiden Seiten, die zwei Marktplätze miteinander verband, auf denen regionale Produkte gehandelt wurden. Auf dem gepflasterten Boden kann man übrigens noch heute die Spurrillen der Karren erkennen. Ein Theater wurde in einen Hügel hineingebaut und die natürliche Erhebung als Zuschauerraum umgestaltet. Neben einer Badeanlage und zahlreichen Steinbauten zeugen heutige archäologische Funde auch von einer Basilika, also einem großen überdachten Gebäude für Volks- und Gerichtsversammlungen, deren Boden mit Mosaiken verziert war. Die Arbeiten für den Neubau der Stadt dürften um das Jahr 10 n. Chr. begonnen worden sein und haben knapp zehn Jahre gedauert. Sehr wahrscheinlich haben die Bewohner der umliegenden Dörfer beim Bau der Stadt mitgeholfen. Vor allem wurden natürlich Handwerker und Facharbeiter angestellt.

Als Sepphoris neu errichtet wurde, war Jesus zwischen 15 und 20 Jahre alt und arbeitete sehr wahrscheinlich im Familienbetrieb seines Vaters mit. Zu den Pflichten eines jüdischen Vaters gehörte es, den Söhnen einen Beruf beizubringen. Manche Historiker*innen vermuten, dass auch Josef, der Vater von Jesus, als Bauhandwerker beim Aufbau der Stadt Sepphoris mitgearbeitet haben könnte. Das ist insofern plausibel, weil uns das Matthäusevangelium Auskunft über Josefs Beruf gibt: Dort wird am Ende des 13. Kapitels erzählt, dass Jesus einmal nach Nazareth zurückkehrte, seine Mitbürger ihm aber nicht zuhören wollten, weil sie wussten, dass er »nur« der Sohn eines Zimmermanns war, wie das griechische Wort *tekton* üblicherweise wiedergegeben wird. Tatsächlich ist bei einem *tekton* die Arbeit mit Holz aber nicht unbedingt die Haupttätigkeit. Vielmehr geht man heute davon aus, dass *tekton* einen Facharbeiter bezeichnet, der für den Bau von Häusern und sonstigen Gebäuden zuständig war. Heute würde man wohl eher von einem Architekten oder Baumeister sprechen. Im sechsten Kapitel des Markusevangeliums wird übrigens dieselbe Bezeichnung verwendet, als es um Jesus Beruf geht. Er war also auch in erster Linie Baumeister und nicht Zimmermann oder Tischler. Wenn aber in der Bibel nirgends die Rede von einem Zimmermann ist, woher kommt dann die Überzeugung, dass Josef ein solcher gewesen sein soll?

Die Geschichte im Hintergrund ist interessant und hat – wie so oft – mit einer ungenauen Übersetzung zu tun. Sie beginnt im 4. Jh. n. Chr., als ein gewisser Hieronymus die ursprünglich auf Griechisch verfassten Evangelien ins Lateinische übersetzte und auf diese Weise den ersten großen Bestseller der Literaturgeschichte – die Vulgata, d. h. die Volksbibel – verfasste. Damals machte er aus dem griechischen *tekton* einen lateinischen *faber. Faber* ist eine recht allgemeine Bezeichnung für einen Handwerker, der sich mit Steinen, Marmor, Mörtel, Zement, Holz und vor allem mit Metallen auskennt. Ein solcher Handwerker kann Bögen und Gewölbe bauen, Säulen und Pfeiler in die Höhe ziehen, Häuser errichten und vieles mehr. Diese Übertragung ist also noch recht nahe am ursprünglichen *tekton*. Als Latein zu einer Nationalsprache in West- und Südeuropa wurde, veränderte sich – vor allem in Italien – der Begriff *faber* und wurde zu einem *fabbro*, zu einem Schmied. Das war für die ersten christlichen Missionare ganz praktisch, denn sie wollten Menschen, die an die römisch-griechischen Götter glaubten, davon überzeugen, dass Jesus der Sohn Gottes sei. Weil der römische Schmiedegott Vulkan als Sohn des höchsten Gottes Jupiter galt, konnte man Jesus, den vermeintlichen Schmied und Sohn Gottes, gut mit ihm vergleichen. Die Folge davon war, dass Josef und Jesus fast 1000 Jahre lang für Schmiede gehalten wurden.

Erst gegen Ende des 13. Jh. n. Chr. setzte sich der möglicherweise größte Theologe der Kirchengeschichte, Thomas von Aquin, mit den Schriften des Johannes auseinander, einem ehemaligen Patriarchen von Konstantinopel aus dem 4. Jh., der wegen seiner feurigen und überzeugenden Predigten den Beinamen Chrysostomos – »Goldmund« – trug. Thomas war einigermaßen entsetzt, als er las, dass Johannes Chrysostomos Josef für einen »Holzhandwerker« und nicht für einen Schmied gehalten hatte, denn der ehemalige Patriarch von Konstantinopel war für Thomas eine wichtige Autorität. Thomas selbst unterrichtete damals gerade an der Sorbonne, der 1200 n. Chr. gegründeten Universität von Paris, und teilte dort im Wintersemester 1269/70 seinen verblüfften Theologiestudenten mit, dass man sich beim Beruf von Josef und Jesus offensichtlich geirrt hatte: Die beiden waren keine Schmiede, sondern Holzhandwerker, Zimmermänner. Die Meinung des berühmten – und später sogar heiliggesprochenen – Thomas von Aquin setzte sich so schnell durch, sodass die Erinnerung an Josef und Jesus als Schmiede rasch in Vergessenheit geriet.

Aber auch wenn man von der Problematik der lateinischen Übersetzung absieht, ist Josefs Zimmermannswerkstatt in den Evangelien nicht zu finden. Im Nahen Osten baute man Häuser nämlich nicht aus Holz, sondern aus Stein. Josef war daher wahrscheinlich ein Steinmetz oder eben ein Baumeister, der allgemein etwas vom Hausbau verstand. Diese Vermutung wird durch die Beobachtung gestützt, dass Jesus in seinen Gleichnissen auffällig oft Bilder verwendet, die mit Steinen zu tun haben, während von Holzarbeiten eigentlich nie die Rede ist. Eindeutig als Sohn eines Zimmermannes ausgewiesen wurde Jesus übrigens von Martin Luther, der das Neue Testament ins Deutsche übersetzte. Seine Übersetzung in den Jahrhunderten danach wurde zum Vorbild und Maßstab. Auch für ihn war Jesus einer, der Häuser gebaut hatte, allerdings baute man die Häuser im Deutschland des 16. Jh. überwiegend nicht mehr aus Steinen, sondern aus Holz. Und so wurde Jesus auch in den gängigen deutschen Übersetzungen zu einem Zimmermann.

16. Mit 33 Jahren …

Fitness, Fashion, Passion …

»Und er selbst, Jesus,
war ungefähr dreißig Jahre alt,
als er auftrat.«

Lk 3,23

Der Name Jesus ist die griechische Variante des aramäischen Namens Jeschu oder Jeschua, eine Verniedlichung von Jehoschuha, was »Gott ist Rettung« bedeutet. Im antiken Judentum war der Name sehr beliebt und daher weit verbreitet. Er ist sowohl in literarischen Quellen als auch auf Inschriften überliefert. Der berühmteste Träger dieses Namens ist zweifelsohne Jesus von Nazareth. Wenn man die antiken Quellen auswertet, wird deutlich, dass dieser Jesus zurzeit von Pontius Pilatus gestorben ist. Darüber sind sich alle vier Evangelien, aber auch die Historiker Tacitus, Plinius und Flavius Josephus einig.

Zur Geburt Jesu dagegen gibt es keine außerbiblischen Quellen. Trotzdem kann man davon ausgehen, dass Jesus irgendwann geboren ist, denn sonst hätte er ja auch nicht sterben können. Eine recht banale Schlussfolgerung also. Um zu erfahren, wie alt er wurde, muss man sich mit den spärlichen Notizen begnügen, die sich verstreut in den Evangelien finden. Traditionell wird überliefert, dass Jesus 33 Jahre alt wurde, einen biblischen Beleg dafür gibt es jedoch nicht. Ist also auch das Alter Jesu eine Fake News?

Fest steht: Jesus wurde geboren, als Kaiser Augustus regierte (37 v. bis 14 n. Chr.). Im Markus- und im Johannesevangelium wird als selbstverständlich vorausgesetzt, dass er nicht nur in Nazareth gelebt hat, sondern auch dort geboren wurde. Darum wird er auch der »Nazarener« genannt. Anders im Lukas- und im Matthäusevangelium. Diese beiden Evangelien legen Wert darauf, Jesus als Nachfahren von

König David auszuweisen, damit er rechtmäßig der Messias Israels sein kann. Bei ihnen ist die Geburt in Betlehem kein historischer Fakt, sondern eine theologische Notwendigkeit. Da der Messias nach der jüdischen Tradition aus Betlehem kommen muss, wurde die Geburt der literarischen Gestalt Jesus kurzerhand dorthin verlegt.

Wann aber die Geburt stattgefunden hat, ist nicht mehr exakt festzustellen. Als der Mönch Dionysius Exiguus im 6. Jh. n. Chr. die Geburt Jesu auf das Jahr 753 nach der Gründung Roms festlegte, was »unserem« Jahr 1 (das Jahr 0 gibt es in Europa erst seit 1202) entsprechen würde, irrte er sich. Zwar stimmen die Geburtserzählungen in den Evangelien darin überein, dass Jesus noch zu Lebzeiten von König Herodes dem Großen, als Quirinius Gouverneur der Provinz Syrien war, geboren wurde, doch Herodes starb bereits 4 v. Chr., während Quirinius erst nach 6 n. Chr. in das Amt eingesetzt wurde. Das heißt, die beiden Zeitangaben sind widersprüchlich, denn Herodes war zu Quirinius' Amtszeit bereits seit mindestens zehn Jahren tot. Auch wenn das Lukasevangelium ansonsten sehr um historische Genauigkeit bemüht ist, gehen in diesem Fall die Ereignisse durcheinander. Das ist einigermaßen verheerend, wenn man bedenkt, dass es um etwas so Wichtiges wie das Geburtsjahr Jesu geht. Sehr wahrscheinlich fand die Geburt in den letzten Regierungsjahren des Herodes statt, also in den Jahren 8 bis 6 v. Chr. Man kann davon ausgehen, dass die Erinnerung an Herodes, den politisch bedeutsamsten König der Juden, zuverlässiger ist als die

Erinnerung an Quirinius, einen einfachen römischen Statthalter. Quirinius wird außerdem nur im Lukasevangelium erwähnt, während die Geburt zur Zeit des Herodes sowohl im Matthäus- als auch im Lukasevangelium belegt ist.

Ein weiterer knapper, jedoch wichtiger Anhaltspunkt für die Rekonstruktion von Jesus Lebensdaten findet sich einmal mehr im Lukasevangelium. Dort wird berichtet, dass Jesus ungefähr 30 Jahre alt war, als er öffentlich in Erscheinung trat (Lk 3,23). Diese Altersangabe ist allerdings nur bedingt vertrauenswürdig. Einerseits passt sie zwar mit dem angenommenen Todesjahr zusammen und auch mit der Annahme, dass Jesus nur ein Jahr lang öffentlich gewirkt hat, andererseits ist sie aber auch äußerst symbolisch. David wurde nämlich mit 30 Jahren König, und auch Josef, der Sohn Jakobs, sowie der Prophet Ezechiel waren 30 Jahre alt, als sie ihre Aufgaben übernahmen.

Auch das Jahr, in dem Jesus tatsächlich seine Karriere als Prediger und Wunderheiler begonnen hat, ist nicht einfach zu ermitteln. Im Lukasevangelium wird berichtet, dass Johannes der Täufer im 15. Jahr der Herrschaft von Kaiser Tiberius, als Pontius Pilatus Statthalter von Judäa war, öffentlich zu predigen begann (Lk 3,1). Kurz darauf ließ sich Jesus von ihm taufen und startete ebenfalls seine öffentliche Laufbahn. Auch wenn diese Angabe erfreulich präzise erscheint, so bestehen hier die Probleme in der Jahreszählung in Bezug auf den Beginn der Regentschaft von Tiberius. Dieser regierte nämlich drei Jahre lang zusammen mit seinem

Stiefvater Augustus. Dies kann zwischen 26/27 und 29/30 n. Chr. gewesen sein.

Über die Dauer Jesu Wirkens machen die Evangelien schließlich ebenso unterschiedliche Angaben. Wenn man die Notizen über die jüdischen Passahfeste, die Jesus gefeiert hat, beachtet, kann man aus dem Markus-, Lukas- und Matthäusevangelium schlussfolgern, dass Jesus ein Jahr lang gepredigt hat, während er nach dem Johannesevangelium ganze vier Jahre aktiv gewesen sein soll, bevor er in Jerusalem gefangen genommen, gefoltert und schließlich hingerichtet wurde.

Selbst Jesu Todesdatum ist schwer zu rekonstruieren. Es fällt auf einen Freitag, darüber sind sich alle Quellen einig. Das Johannesevangelium besagt, dass dieser Freitag der Tag *vor* dem Beginn des einwöchigen Passahfestes war (Joh 13,1–11), wohingegen in den anderen Evangelien zu lesen ist, dass es der *erste* Tag der Feierlichkeiten war (Mt 26,26–29; Mk 14,22–25; Lk 22,15–20). Diese beiden Angaben lassen sich leider auch nicht miteinander in Einklang bringen. Die heutige Forschung erachtet jedoch die Chronologie des Johannesevangeliums für zuverlässiger.

Das Todesjahr muss jedenfalls – wie die Quellen einstimmig berichten – in die Amtszeit des Pilatus, also in die Jahre zwischen 26 und 36 n. Chr., fallen. Wenn das öffentliche Wirken Jesu im Jahre 26 oder 29 n. Chr. angefangen und zwischen einem und vier Jahren gedauert hat, dann muss sich sein Tod zwischen dem Jahr 27 und 33 n. Chr. ereignet haben. Wenn man außerdem davon ausgeht, dass die Datierung des Johannesevangeliums zuverlässiger ist, kommen nur die Jahre 30 und 33 n. Chr. infrage. Nur in diesen beiden Jahren fiel der Vorbereitungstag für das Passahfest auf einen Freitag. Das Jahr 30 n. Chr. als Todesjahr erscheint heute schließlich am wahrscheinlichsten; die anderen Möglichkeiten können aber dennoch nicht ausgeschlossen werden.

Die traditionelle Position seit den Kirchenvätern bevorzugte hingegen das Jahr 33, und weil man die Geburt auf das Jahr 1 festlegte, entwickelte sich die Vorstellung, Jesus sei im Alter von 33 Jahren hingerichtet worden.

Wenn Jesus jedoch zwischen 8 und 6 v. Chr. geboren wurde, muss er zum Zeitpunkt seines Todes im Frühling des Jahres 30 n. Chr. mindestens 36 Jahre – bei einem Tod im Jahr 33 n. Chr. sogar 39 Jahre – alt gewesen sein. Damit wäre die traditionelle Altersangabe von 33 Jahren ein Fake, der mit einer sauberen Analyse der Quellen recht schnell als solcher entlarvt werden kann. Denn Jahreszahlen bleiben Jahreszahlen und falsche Rechnungen werden auch dadurch nicht wahr, dass sie jahrhundertelang tradiert werden.

17. Die Hure Maria Magdalena

Nach links oder rechts wischen?

»Als aber der Sabbat vorüber war und
der erste Tag der Woche begann,
kamen Maria von Magdala und die andere
Maria, um nach dem Grab zu sehen.«

Mt 28,1

Karen Leigh King, Professorin für Geschichte des frühen Christentums an der Universität Harvard, hatte ihr Geheimnis, den Höhepunkt ihres Kurzreferates, bis zuletzt gut gehütet. Dann war es so weit. In einem spärlich besetzten Seminarraum der päpstlichen Universität Augustinianum in Rom präsentierte sie am 18. September 2012 kurz nach 19 Uhr die Folie, auf die sich ihre Präsentation zuspitzte. Zu sehen war ein Papyrusfragment, das die Wissenschaftlerin ins 4. Jh. n. Chr. datierte. Auf diesem gerade einmal 3,8 x 7,6 cm großen Schnipsel waren sieben mit einer schwarzen Tinte geschriebene Zeilen in koptischer Sprache – also jener Sprache, die in Ägypten ab dem 2. Jh. n. Chr. im Gebrauch war – zu sehen, wobei nur Bruchstücke der Zeilen erhalten geblieben waren. Inhaltlich zeugen sie zweifellos von einem Dialog zwischen Jesus und seinen Jüngern, in dem offensichtlich diskutiert wird, ob Maria Magdalena würdig sei, eine Jüngerin genannt zu werden oder nicht. In der fünften Zeile des Fragments liest man: »Jesus sagte zu ihnen, ›meine Frau‹ [...].« Das Pronomen »ihnen« bezieht sich auf die Jünger. Mit »meine Frau« – aus dem Kontext ist klar, dass es sich um eine »Ehefrau« handelt – ist Maria Magdalena gemeint.

Keine andere Gestalt des Neuen Testaments wurde häufiger zum Objekt wilder Spekulationen und Fehldeutungen wie diese Frau. Sie trägt übrigens den häufigsten jüdischen Frauennamen des 1. Jh. n. Chr. und stammt, wie viele andere Begleiter Jesu, aus einem kleinen Fischerdorf am Ufer des Sees Genezareth. In diesem Fall ist es das Dorf Magdala.

Es ist ein kleines, aber wichtiges Detail, dass diese Maria in Bezug auf ihren Geburtsort identifiziert wird und nicht wie viele andere Frauen den Beinamen ihres Vaters oder Ehemannes trägt. Es verweist darauf, dass Maria Magdalena eine sehr emanzipierte Frau gewesen sein dürfte und in der Tat ist sie eine der interessantesten Nebendarstellerinnen der Evangelien. Als solche ist sie ein großartiges Beispiel für Fake News, denn in den Eigenschaften und Episoden, die man üblicherweise mit ihr in Zusammenhang bringt, verschmelzen mindestens fünf verschiedene Frauen.

Zunächst wird Maria von Magdala mit der namenlosen Sünderin identifiziert, die Jesus die Füße mit ihren Tränen wäscht und mit ihren Haaren trocknet (Lk 7,36–50). Auch mit der Schwester des Lazarus wird sie gleichgesetzt, die Jesus die Füße mit einem kostbaren Duftöl salbt und deswegen von einigen Anwesenden getadelt wird (Joh 12,1–11). Dann wurden die Züge einer ebenfalls namenlosen Ehebrecherin auf sie übertragen, die Jesus vor der Steinigung bewahrt (Joh 8,1–11). Definitiv in Verruf gerät Maria von Magdala, als man in ihr eine ägyptische Prostituierte aus dem 3. Jh. n. Chr. zu sehen begann, die später als Einsiedlerin in die Wüste zog. Dass Letzteres allein aufgrund des Zeitunterschieds von 200 Jahren nicht zutreffen kann, störte niemanden.

Für die Evangelien war klar, dass Maria Magdalena zum engsten Kreis um Jesus gehörte. Neun Mal wird in den biblischen Überlieferungen von einer Gruppe von Frauen berichtet, die Jesus nachfolgten: Maria Magdalena ist immer dabei.

Sie bleibt bis zu seiner Hinrichtung am Kreuz bei Jesus. Im Gegensatz zu den männlichen Jüngern flieht sie nicht und sie ist auch die Erste, die das leere Grab entdeckt. Dort wird sie Zeugin der ersten Erscheinung des Auferstandenen.

Aber nicht nur die vier Evangelien des Neuen Testaments erzählen von ihr, sondern auch das Marien- und das Philippusevangelium, zwei weitere Evangelien, die nicht in die kanonische Sammlung der frühen Kirche aufgenommen wurden und daher heute weitgehend unbekannt sind. Beide Schriften stammen aus der Zeit zwischen dem 2. und dem 4. Jh. n. Chr. und werden zur Gruppe der »Apokryphen Evangelien« gezählt. Während die Bibel keine sexuelle Beziehung zwischen Jesus und Maria Magdalena andeutet, vertreten diese beiden »verborgenen« Evangelien eine andere Sichtweise. Hier findet man eine Rede von Petrus, nach der Jesus Maria mehr liebte als alle anderen Frauen und sie häufig auf den Mund geküsst haben soll. Die Historizität solcher Erzählungen ist zwar durchaus fraglich, interessant ist aber die Tatsache, dass es im 4. Jh. n. Chr. nicht wenige Christen gab, die diese Überlieferung kannten und daran glaubten. Das war auch einer der Gründe dafür, weshalb Kirchenmänner – wie zuletzt Papst Gregor der Große – das Bild der Frau aus Magdala zu verändern wünschten. Während Maria Magdalena in der Urkirche eine wichtige Rolle innehatte und diese in der orientalischen Kirche auch bis heute behalten hat, wurde sie von der Kirche in Rom wohl aus politischen Gründen mehr und mehr zurückgedrängt.

Was genau ausschlaggebend dafür gewesen sein könnte, dass die kirchliche Tradition aus der treuen Begleiterin Jesu eine ehebrecherische, verschwendungssüchtige Hure machte, wissen wir nicht. Begonnen hat diese systematische Ausgrenzung und Anfeindung schon sehr früh, denn schon der Apostel Paulus löscht die Erinnerung an Maria Magdalena quasi aus, indem er sie bei der Nennung der Zeugen für die Auferstehung Jesu übergeht: Nach seiner Version waren nur Petrus und die zwölf Apostel Zeugen der Auferstehung (1 Kor 15,3–8). Auf diese Weise konnten die hierarchischen Strukturen der männlich dominierten Kirche nachträglich gut legitimiert werden. Die erste Zeugin der Auferstehung war somit vergessen und Petrus wurde zum Oberhaupt der neuen Kirche. Mit der Gestalt von Maria Magdalena wurden über all die Jahrhunderte hinweg die wildesten Spekulationen über Liebesbeziehungen, Heirat und sogar Kinder, die sie mit Jesus gehabt haben könnte, verbunden. Was daran historisch wahr ist, lässt sich heute nicht mehr rekonstruieren.

Schließlich hat auch das Papyrusfragment, das 2012 in Rom der Weltöffentlichkeit präsentiert wurde, nicht viel dazu beitragen können, die Geheimnisse rund um die Gestalt der Maria Magdalena zu lüften. Der verwendete Papyrus ist in der Tat sehr alt, die Tinte, die Grammatik und vor allem die Schreibweise der Buchstaben erlauben es aber leider nicht, das Dokument in das 4. Jh. n. Chr. zu datieren, so wie Karen Leigh King es tut. Es ist sehr wahrscheinlich eine Fälschung. Noch ein Fake also.

Maria Magdalena war nicht die Ehefrau Jesu, sie war aber auch keine Hure. Ihre faszinierende Gestalt vermittelt das Bild einer selbstbewussten, emanzipierten Frau, die Jesus sehr geliebt hat und bis heute ein Vorbild der bedingungslosen Nachfolge darstellt.

18. Der Baum, an dem sich Judas erhängte

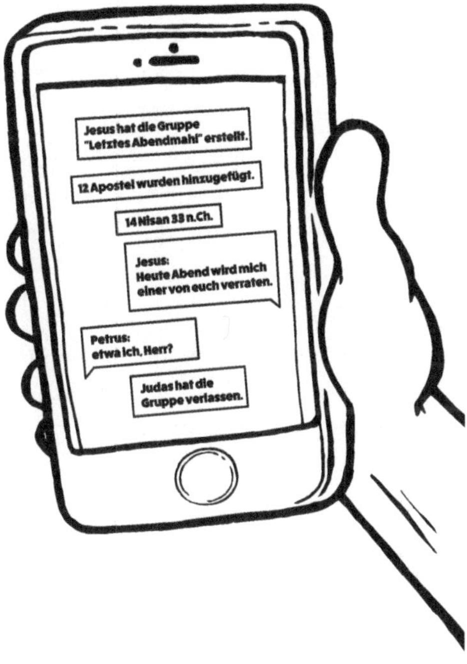

»Da nahm Judas das Geld und warf es in den Tempel.
Danach ging er weg und erhängte sich.«

Mt 27,5

Er war ein durch und durch böser Mensch: habgierig, falsch, treulos, hinterlistig und verräterisch. In der Malerei wird er oft rothaarig dargestellt, denn rote Haare galten als Zeichen für eine schlechte Natur. Er trägt ein gelbes Gewand. Gelb steht im Mittelalter für Neid, Verrat und Feigheit. Und er ist fast immer mit einer Hakennase gezeichnet, einem klar antisemitischen Symbol. Seine tiefen Augenringe spielen auf die nächtliche Szene an, in der er seinen Verrat durchführt, während alle anderen Jünger schlafen statt zu beten. Die Rede ist von Judas, dem einstigen Freund Jesu, der ihn letztlich verraten hat. »Judaslohn«, »Judaskuss« oder gar »Judas« werden umgangssprachlich als Beschimpfungen verwendet. In Deutschland kann sich ein Standesamt sogar weigern, den Name »Judas« für ein neugeborenes Kind einzutragen, da dies – so zumindest die rechtliche Argumentation – das Kindeswohl gefährden könne.

In der Tat wird Judas in den Evangelien und in der christlichen Lehre als Sinnbild eines widerwärtigen Menschen dargestellt. Das Johannesevangelium sagt von ihm sogar, dass er vom Teufel besessen sei (Joh 6,70–71). Von ihm wird nicht nur behauptet, dass er ein Dieb sei und aus einer gemeinsamen Kasse Geld gestohlen habe, nein, er sei derjenige gewesen, der Jesus durch einen Kuss für die Schergen erkennbar gemacht hat. Nur dadurch konnte Jesus festgenommen, gefoltert und schließlich hingerichtet werden. In den gängigen Übersetzungen der Evangelien besteht kein Zweifel, dass Judas seinen Lehrer Jesus wirklich verraten und ihn für einen lächerlich geringen Preis an die jüdische Obrigkeit von Jerusalem verkauft hat.

Natürlich gab es im Laufe der Geschichte immer wieder Bemühungen, Judas zu rehabilitieren. So argumentierte man, dass ohne seinen Verrat Jesus nicht den Tod am Kreuz erlitten hätte und es folglich auch nicht zu der damit verbundenen Erlösung der Menschheit gekommen wäre. Andere gingen sogar noch weiter und stilisierten Judas zu dem treuen Weggefährten schlechthin, der Jesus nicht verraten, sondern ihm vielmehr geholfen habe, seinen Plan für die Rettung der Welt umzusetzen. In dieser Logik hat Judas, den mit seinem Schicksal einverstandenen Jesus lediglich seinen Feinden »übergeben«, was sogar recht gut zur ursprünglichen Bedeutung des griechischen Begriffs *paradidomi* passt. Diese Interpretationen wollten dem offiziellen kirchlichen Lehramt aber so gar nicht gefallen und so beschloss man 1547 während des Konzils von Trient in aller Form und Feierlichkeit, dass Judas nur ein Verräter war und ihm beim Erlösungshandeln Jesus kein Mitverdienst zukommt.

Und da er ein Verräter war, verdient er auch den schlimmsten Tod, den man sich damals vorstellen konnte: den einsamen Tod von einem, der die Last seiner Handlung nicht mehr ertragen kann, den Selbstmord. Nach der Ansicht des Matthäusevangeliums hat sich Judas also erhängt. Daher wird er in der christlichen Kunst auch mit einem Strick um den Hals an einem nicht näher identifizierten Baum hängend dargestellt. Auf dem Boden der Sack mit den dreißig Silberlingen.

Damit scheinen alle Fragen geklärt. Übersehen wird aber, dass in der Bibel weder von einem Strick noch von einem Baum die Rede ist. Und wenn man genau nachliest, lässt sich eigentlich auch die Frage, ob sich Judas erhängt hat, nicht mehr eindeutig beantworten.

Die Apostelgeschichte, jene Schrift, die von den ersten Tagen der frühen Kirche handelt, erzählt interessanterweise eine andere Version: Im ersten Kapitel wird davon berichtet, dass die Jünger*innen nach Jesus Auferstehung ein Ersatzmitglied für den gestorbenen Judas wählen. Unmittelbar vor dieser wichtigen Wahl steht Petrus auf, ergreift das Wort und hält eine – aus heutiger wissenschaftlicher Sicht – wohl fiktive Rede. Darin teilt er den rund 120 anwesenden Männern und Frauen mit, was mit Judas geschehen ist. Judas, der in dieser Ansprache nicht als Verräter, sondern als Anführer bzw. Wegweiser der Leute, die Jesus gefangen genommen haben, bezeichnet wird, hat sich nach der Festnahme ein Grundstück gekauft. Dort »stürzte er vornüber zu Boden, sein Leib ist dabei auseinandergeborsten und alle Eingeweide sind herausgeschüttet worden« (Apg 1,18). So klingt die detailreiche und durchaus makabre Beschreibung aus dem Mund des Petrus. Die Darstellung der Apostelgeschichte kennt also keinen Selbstmord durch Erhängen.

Wenn man die beiden Erzählungen miteinander vergleicht, scheint es, als ob hier zwei unterschiedliche Todesarten im Widerspruch zueinander stünden. Im Laufe der Zeit wurden daher zahlreiche Versuche unternommen, die beiden

Versionen von Judas Tod miteinander in Einklang zu bringen. Nach der am weitesten verbreiteten Theorie hängt Judas an einem Olivenbaum, der am Rand eines Steinbruches oder gar eines natürlichen Abgrundes außerhalb der Jerusalemer Mauer gewachsen ist. Aufgrund der Totenstarre oder hektischer Bewegungen im Moment des Sterbens muss sich der Strick gelöst haben oder zerrissen sein, woraufhin Judas kopfüber gestürzt und über spitze Steine den Abhang hinuntergerollt ist, wobei sein Bauch aufgeschlitzt wurde. Auf diese Weise könnten auch seine Gedärme herausgequollen sein. Wie moderne CSI-Ermittler*innen haben Theolog*innen und Historiker*innen mittlerweile jedoch herausgefunden, dass in der Antike das Erhängen durch den Strick absolut ungewöhnlich war. Viel eher ließ man sich mit nach vorn gerecktem Hals auf eine kräftige Astgabelung fallen, um sich auf diese Weise das Genick zu brechen. Ein Sturz vom Baum samt einem Aufreißen der Bauchdecke wäre bei einer solchen Aktion durchaus auch möglich gewesen.

Vielleicht ist eine derartig komplizierte Erklärung aber gar nicht notwendig. Denn auch wenn Judas im Verlauf der Kirchengeschichte immer mehr zum Bösewicht schlechthin stilisiert wurde, gab und gibt es immer noch die zuvor beschriebene Interpretation, nach der Judas nicht ein Verräter gewesen ist, sondern derjenige, der Jesus gewissermaßen zu seinem Tod am Kreuz und damit zur Auferstehung »verholfen« hat. Sofern das auch einige der anderen Jünger*innen so gesehen haben sollten, hätte es durchaus sein können, dass

Judas eine besonders wichtige Rolle hatte, ja dass er sogar für den Mann gehalten wurde, der nun die wichtigsten Entscheidungen für die junge und noch führerlose Gemeinschaft hätte treffen sollen.

Dass der Hinweis auf den aufgeschlitzten Bauch – also auf einen möglicherweise gewaltsamen Tod – direkt von Petrus geäußert wird, der seinerseits für sich beanspruchte, der Anführer der ersten Christen zu sein, könnte möglicherweise auf einen ersten Streit zwischen ihm und Judas hindeuten. Eine Rivalität um die Vormachtstellung in der Nachfolge Jesu. Ob es zu einem solchen Streit gekommen ist und ob dieser vielleicht sogar derart eskalierte, dass Judas am Ende mit dem Leben bezahlte, lässt sich heute nicht mehr feststellen. Doch wenn es so wäre, würde es nicht verwundern, dass der Baum, den Judas für einen Selbstmord – durch Strick oder einen Sturz in die Astgabelung – gebraucht hätte, im biblischen Text nirgends vorkommt.

19. Der Teufel mit Hörnern und Dreizack

Und der Teufel malte den Teufel an die Wand.

»Und es geschah eines Tages, da kamen die Kinder Gottes, um sich vor Gott einzufinden. Und auch der Satan kam in ihre Mitte.«

Ijob 1,6

Als sich irgendwann in der Steinzeit die ersten Religionen zu entwickeln begannen, gab es grundsätzlich nur gute Götter. Diese stammten aus der eigenen Familie, waren Ahnen oder Helden des Clans. Man musste ihnen huldigen und sie ehren, sie taten aber nichts, was den Menschen hätte schaden können. Sehr wohl glaubte man, dass diese Götter die guten Taten der Menschen entsprechend belohnen würden. Im Laufe der Zeit entwickelte sich aber immer mehr der Gedanke, dass es auch weniger gute oder gar böse Götter geben müsse, die für die schlechten Dinge des Lebens verantwortlich waren. Wieder etwas später kam die Angst vor der Strafe eines bösen Gottes hinzu. In Religionen wie dem Judentum und dem Christentum, in denen es bekanntlich nur einen Gott gibt, war dies die Geburtsstunde des Teufels oder – wenn man ihn mit seinem traditionellen Eigennamen benennen will – des Satans.

Die volkstümliche Fantasie hat den Teufel im Laufe der Geschichte mit schrecklichen Eigenschaften versehen. So wird er zur Gänze blau, schwarz oder rot dargestellt, manchmal ist sein Körper komplett behaart. Er hat Hörner, einen Pferde- oder Ziegenbockfuß, einen schwarzen, mehr oder weniger spitzen Schwanz, spitze Ohren und manchmal auch kleine schwarze Flügel, die an Fledermausflügel erinnern. Sein Gesicht ist mehr eine Fratze und spiegelt seine schlechten Eigenschaften wider. Manchmal hat er einen Dreizack bei sich, mit dem er angeblich die Seelen der Verstorbenen peinigt und bestraft. Vorstellungen wie diese gibt es zuhauf und spätestens seit dem Mittelalter variieren sie stark. Manchmal sieht der Teufel einem Menschen ähnlich, manchmal ist er ein Tier, manchmal eine Mischung aus beidem. Manchmal ist nur ein Teil der genannten Eigenschaften vorhanden, manchmal kommen alle auf einmal vor. Er ist bösartig, hinterlistig und dreist. Er kann sich aber auch anmutig geben, wenn er verführen will. Seine Hauptfunktion: Er soll Angst machen. Der Teufel ist in der Geschichte des Christentums das Schreckensbild schlechthin. In der Bibel allerdings gibt es eine solche Gestalt nirgends.

Beginnen wir mit dem Alten Testament. Dort werden an keiner Stelle Angaben über das Aussehen des Satans gemacht. Die traditionellen Bilder des Teufels mit Hörnern, Dreizack und Pferdefuß haben sich erst in der frühchristlichen Literatur und in den jüdischen Schriften aus griechischer und römischer Zeit entwickelt. Beim Satan, also dem heutigen Eigennamen des Teufels, handelt es sich im Hebräischen zunächst um ein einfaches Nomen, das schlicht und einfach »Hindernis« bedeutet. Im übertragenen Sinn heißt es auch »Widersacher«, »Verleumder«, »Ankläger«. Satan kann aber nicht nur als Nomen, sondern auch als Verb verwendet werden. Die handelnden Personen sind meist ganz gewöhnliche Menschen oder sie sind Boten und Berater Gottes – so wie in der Episode von Bileam oder am Beginn des Ijobbuches.

Bileam ist ein Prophet einer fremden Gottheit und soll im Auftrag des Königs von Moab einen Fluch gegen Israel aussprechen. Als er sich mit seiner Eselin auf den Weg macht, versperrt ihm ein Engel Gottes dreimal den Weg. Dieser Engel wird als »Satan« bezeichnet, auch wenn er im Auftrag Gottes handelt. Er ist eben ein Hindernis auf Bileams Weg (Num 22).

Am Beginn des Ijobbuches gehört der »Satan« zum Kreis der engsten Vertrauten Gottes, ja sogar zu seinem Hofrat. Seine Aufgabe ist es, die Menschen anzuklagen. Gerade deswegen wohnt er bei Gott im Himmel und unterhält sich freundschaftlich mit ihm sowie mit den anderen Engeln (Ijob 1). Eine ähnliche Rolle spielt der »Satan« auch in einer Vision des Propheten Sacharia. Hier kommt zum ersten und einzigen Mal in der Bibel »Satan« als Eigenname vor. Dieser agiert so, wie im Ijobbuch, als Ankläger eines Menschen (Sach 3).

Tief in der christlichen Gedankenwelt verankert ist auch die Vorstellung, dass die Schlange, die Eva im Garten Eden verführt, der Teufel gewesen sein muss. Aus diesem Gedanken entwickelte sich die Idee, dass der Teufel vor den Menschen erschaffen worden sei. In einer Schrift aus dem 3. Jh. n. Chr., die den verheißungsvollen Titel »Die Schatzhöhle« trägt, wird berichtet, dass die Engel nach der Erschaffung des Menschen darüber gestritten hätten, ob der Mensch als Ebenbild Gottes anzubeten sei. Da sich der Satan – damals noch ein Engel – weigerte, dies zu tun, warf ihn Gott vom Himmel hinunter, weshalb er, auf der Erde angekommen, als Erstes die arme Eva verführte, um sich für das ihm angetane Unrecht zu rächen. Diese Erzählung hat nicht nur die Christen schwer beeindruckt; die Idee vom Teufel als einem gefallenen Engel kommt in leicht veränderter Fassung auch im Koran vor. In der christlichen Tradition hat dieser gefallene Engel, der manchmal sogar als der schönste Engel beschrieben wird, einen eigenen Namen. Er wird Luzifer genannt, was übersetzt »Lichtträger« bedeutet.

Im Gegensatz zum Alten Testament sind die Offenbarung des Johannes und vor allem die Bücher Henochs um einiges ergiebiger, wenn es um Aussehen und Eigenschaften des Teufels geht. Der Teufel selbst wird zwar selten angeführt, jedoch wurden die vielen Tiere mit Hörnern und mehreren Köpfen, die Großkatzen mit Bärentatzen, Drachen und alle anderen schaurigen Wesen, die irgendwie als Gegner Gottes identifiziert werden konnten, zu Vorbildern für spätere Teufelsdarstellungen. In den meisten Originaltexten geht es ursprünglich nicht um die Beschreibung einer Teufelsgestalt. Es handelte sich vielmehr um Zeichen, die auf meist sehr konkrete Feinde der christlichen oder jüdischen Gemeinde anspielen. Manchmal zum Beispiel war der Kaiser gemeint, der Gläubige verfolgen ließ, manchmal ein lokaler Großgrundbesitzer, der die Armen unterdrückte. Immer wieder sind es auch Bilder für abtrünnige Mitglieder der Gemeinde. Im Normalfall können wir heute aber nicht mehr rekonstruieren, wer mit der Beschreibung von damals gemeint war. Um einen Teufel, der in der Hölle sitzt und mit einem Dreizack die Seelen seiner Opfer quält, ging es den Autor*innen aber mit Sicherheit nicht.

Die genaue Aussageabsicht der betreffenden Passagen interessierte damals nicht weiter. Ganz im Gegenteil: Da die

Bilder aus dem Neuen Testament nicht furchterregend genug erschienen, suchte man in den Darstellungen von Natur- oder Halbgöttern der griechischen und römischen Mythologie nach weiteren Inspirationen. Von ihnen übernahm man Elemente und übertrug sie auf das Bild des Teufels. So kam dieser zu seinen Hörnern, Hufen, spitzen Ohren, der Behaarung und dem Schwanz.

Neben der Gestalt des Teufels kennen das Neue Testament sowie die Schriften der rabbinischen Tradition noch die Existenz von Dämonen. Diese Dämonen sind allgegenwärtig und agieren als Feinde des Menschen. Sie ergreifen von ihnen Besitz, instrumentalisieren sie arglistig und sind für Krankheiten und Fehlverhalten der Menschen verantwortlich. Schreien, Kontrollverlust, Krämpfe, Anfälle und Depressionen werden in der Antike diesen bösen Geistern zugeschrieben. Heute passen solche Symptome eher zu verschiedenen Krankheitsbildern – von starkem Fieber über Epilepsie bis hin zu psychotischen Störungen. Glücklicherweise werden sie heutzutage nicht mehr mit Teufelsaustreibungen, sondern medizinisch behandelt.

Teufel und Dämonen wurden in der Antike als negative Einflussfaktoren verstanden, die das Leben eines Menschen stark beeinflussen konnten. Auch wenn uns diese naiven Erklärungen heute lächerlich erscheinen, darf man nicht vergessen, dass die antike Gesellschaft sehr stark von diesen Vorstellungen geprägt war. Das Böse als Gegenpol zu Gott existierte und war allgegenwärtig. Die Beschreibung dieses Bösen als

Teufel mit Hörnern und Dreizack ist allerdings nicht biblisch, sondern die Frucht der menschlichen Fantasie, einer Fantasie, die sich auch nicht bändigen ließ, als die bibelwissenschaftliche Aufarbeitung dem Teufel längst die Rote Karte gezeigt hatte.

20. Das ewige Höllenfeuer

»Es ist besser für dich, einäugig in
das Leben hineinzugehen,
als mit zwei Augen in die Hölle des
Feuers geworfen zu werden.«

Mt 18,9

Der Tempel von Jerusalem war zur Zeit Jesu ein imposantes Bauwerk. König Herodes der Große hatte sehr viel Geld investiert, um es zu renovieren, den Tempelbezirk zu vergrößern, zu verschönern und funktioneller zu machen. Er wollte sich damit bei der Priesteraristokratie in Jerusalem beliebt machen. So realisierte er ein gewaltiges Werk, dessen Außenmauern heute noch das Stadtbild Jerusalems bestimmen. Der Jerusalemer Tempel war aber auch der einzige Ort auf der ganzen Welt, an dem gläubige Juden ein Opfer darbringen konnten. Alle (männlichen) Juden waren angewiesen, zumindest einmal im Jahr am Tempel ein Opfer darzubringen, egal, wo sie lebten, ob in Ägypten oder Babylon, in Spanien oder Arabien.

Dies führte zu einem großen Pilgerstrom von einigen Tausend Besuchern pro Tag. Um dem Herr werden zu können, hatte sich im Laufe der Jahrhunderte ein gewaltiger Verwaltungsapparat entwickelt. Es gab eigens angestellte Geldwechsler, denn am Tempel musste mit einer besonderen Währung bezahlt werden. Da waren die Tempeldiener, die die Pilger betreuten und den Opferungsbetrieb koordinierten. Und natürlich waren da auch jede Menge Händler, Wirte und Prostituierte. Außerdem versorgten Schmiede Pferde und Maultiere, Tischler und Zimmermänner führten kleine Reparaturen durch und eine ganze Menge Bettler bat um Almosen. Soldaten sorgten vor allem für Ordnung und waren sofort zur Stelle, wenn es Probleme gab; denn auch Taschendiebe und Meuchelmörder gab es in unmittelbarer Nähe des Tempels zur Genüge.

Und schließlich waren da natürlich die Priester und ihre Diener, die Leviten. Ein paar von ihnen waren Berufspriester, die grundsätzlich in der Verwaltung tätig waren. Die Priester, die für die religiöse Betreuung der Pilger zuständig waren, waren hingegen Mitglieder der 24 Priesterfamilien aus dem Stamm Levi, die jeweils zweimal im Jahr für eine Woche am Tempel ihren Dienst verrichteten. Viel wichtiger als die Priester waren jedoch die Stallburschen. Denn neben Gelübden und Weihrauchopfern wurden auf dem Hauptaltar und auf den Nebenaltären des Tempels Tag und Nacht Blutopfer dargebracht. Rinder, Schafe, Ziegen und – im Fall von ganz armen Gläubigen – Tauben wurden rituell geschlachtet. Diese Tiere mussten vollständig verbluten, bevor der amtierende Priester einen Teil davon auf dem Feuer verbrannte, einen Teil für sich selbst beschlagnahmte und den Rest des Fleisches dem Gläubigen zurückgab. Dieses Fleisch war das einzige Fleisch, das ein gläubiger Jude erlaubtermaßen essen durfte, denn nicht am Tempel durchgeführte Schlachtungen waren zumindest offiziell verboten. Die meisten Tiere wurden nun aber nicht von den Gläubigen mitgebracht, sondern direkt auf dem Tempelgelände gekauft und dort auch gezüchtet, wie moderne archäologische Untersuchungen belegen. Die Stallburschen waren für die Fütterung der Tiere, das Ausmisten der Ställe und auch für die geordnete Aufzucht der Tiere zuständig.

Bei alledem kann man sich leicht vorstellen, was für ein Durcheinander auf dem Tempelgelände geherrscht haben muss. Und wenn jeder Pilger ein Opfer darbringen wollte, musste eine große Menge an frischem Fleisch und frischen Innereien verbrannt werden, sodass ein bestialischer Gestank in der Luft lag. Keine besonders angenehme Atmosphäre für das Gebet also. Doch das war nicht so wichtig, denn zur Zeit Jesu zählten im Judentum nicht so sehr die Gebete, sondern die Opfer. War die Lage schon oben auf dem Tempelplateau, wo sich die frommen Beter sammelten, wenig erbaulich, so war sie für die Rinder und Schafe, die in den unterirdischen dunklen und schlecht belüfteten Stallungen des Tempelbezirks untergebracht waren, noch schlechter.

Am schlimmsten war allerdings die Situation unterhalb der südlichen Tempelmauer im ca. 40 m tieferen Hinnom-Tal. Dort befanden sich die Müllhalde des Tempels und die allgemeine Mülldeponie für die ganze Stadt Jerusalem, die damals immerhin an die 30.000 Einwohner zählte. Und nicht nur das: Durch ein ausgeklügeltes Kanalisationssystem floss das ganze Blut der geschlachteten Tiere vom Tempelberg bis ins Tal. Im Hinnom-Tal wurden auch die Teile der Tiere beseitigt, die aufgrund von rituellen Bestimmungen nicht gegessen werden durften. Die organischen Reste verfaulten und ließen giftige Gase entstehen. Zudem wurde hier der Mist und die Gülle aus den Stallungen entsorgt. Der Ort stank also entsetzlich und es war gefährlich, dorthin zu gehen, nicht nur, weil dort Schakale und auch andere wilde Tiere herumstreiften, sondern weil man sich schlimme Krankheiten einfangen konnte. Obendrein entwickelte sich aus der Mischung von Mist, Stroh und weiteren gärenden Materialien nicht selten

Feuer, d. h., eigentlich brannte es im Hinnom-Tal beinahe durchgehend.

Auf Aramäisch, der Sprache, die man zur Zeit Jesu in Jerusalem sprach, heißt Hinnom-Tal *ge-hinnom*, bzw. im jüdäischen Dialekt *ge-henna. Gehenna* ist der Begriff, der für die Bibelwissenschaft weiterhin interessant ist, denn im Neuen Testament wird damit die Hölle bezeichnet (z. B. Mt 10,28). Das ist auch schon die einzige Hölle, von der in der Bibel die Rede ist. Davon abgesehen, gibt es die Vorstellung von einem Ort der Toten – auf Hebräisch heißt er *scheol*, die Griechen nannten ihn *hades*. Hierbei handelt es sich aber nicht um eine Hölle im heutigen Verständnis, sondern um eine Art Totenreich in der Unterwelt. Dieser Ort ist trostlos und man kann von ihm nicht zurückkehren, aber es ist zugleich auch der einzige Ort für die Toten, die dort ihre Ruhe finden. Nicht in den *scheol* zu gelangen, ist für einen Toten das Schlimmste, weil seine Seele nicht zur Ruhe kommen kann, dort gibt es aber weder Feuer noch Teufel noch peinigende Strafen.

Das, was wir heutzutage im Kopf haben, wenn wir das Wort »Hölle« hören, das ewige Feuer und die ewigen Strafen, ist eine Erfindung, die sich im Judentum erst in den Jahrzehnten um Jesu Geburt entwickelte. Die Inspiration für diesen Ort muss die ganz konkreten *ge-henna* im Hinnom-Tal gewesen sein. Vom Tempelareal aus konnte man zum Tal im Süden hinunterschauen, die brennenden Feuer und Irrlichter sehen, den Gestank riechen und auch die gefährlichen Tiere, die dort hausten, beobachten. Daneben stand der prächtige vergoldete Tempel. Dieser krasse Gegensatz machte aus der *ge-henna* einen noch düsteren Ort. Einen Ort, der in den kommenden Jahren die christliche Vorstellung von der Hölle wesentlich prägen sollte. In der Bibel kommt eine solche Hölle nicht vor, aber das ändert nichts daran, dass sie über Jahrhunderte hinweg ein sehr wirkungsvolles Instrumentarium war, um Menschen gefügig zu machen, sie in Angst und Schrecken zu versetzen und sie so zu moralisch zweifelhaften Handlungen zu bewegen. Die Hölle ist ein Fake mit einer sehr unrühmlichen Wirkungsgeschichte.

21. Petrus, der erste Papst

Die erste Herausforderung in der frühen Kirche: Angeln im Papstgewand

»Du bist Petrus, und auf diesen Felsen
werde ich meine Kirche bauen.«

Mt 16,18

Wenn wir an die römisch-katholische Kirche denken, tauchen zwei Bilder vor unserem inneren Auge auf: Da ist zum einen der Papst, der aus dem Fester seines Amtssitzes ganz Rom zu überblicken scheint und der Menge, die ihm vom Petersplatz aus zujubelt, den Segen spendet. Und da ist der Petersdom, die größte Kirche der Christenheit. Der Petersdom ist 190 m lang und 60 m breit und bietet Platz für mehr als 20.000 Menschen. Seine Kuppel ist fast 140 m hoch und somit das größte, aus Ziegeln bestehende und sich selbst tragende Bauwerk der Welt. Mehr als 150 Jahre wurde an dieser Kirche gearbeitet; beteiligt waren die berühmtesten Architekten und Künstler der Renaissance: Michelangelo, Raffaello, Bramante, Bernini, Maderno.

Bevor die jetzige Kirche errichtet wurde, hatte bereits im Jahre 329 n. Chr. Kaiser Konstantin auf dem Hügel Vatikan eine Basilika erbauen lassen. Sie stand genau an dem Ort, an dem während der großen Christenverfolgung unter Kaiser Nero zahlreiche Christen getötet wurden. Die Massenmorde fanden ab dem Jahr 64 n. Chr. in einem Stadion statt, das von Kaiser Caligula knappe 20 Jahre zuvor neben der Via Aurelia, der großen Straße, die von Rom aus nach Norden führte, gebaut wurde.

In der Mitte des mehr als 500 m langen Stadions stand bereits damals der ägyptische Obelisk, der heute noch in der Mitte des Petersplatzes zu sehen ist. Der Tradition nach wurde neben diesem Obelisken der Apostel Petrus mit dem Kopf nach unten gekreuzigt.

In nicht christlichen Quellen findet Petrus allerdings keine Erwähnung. Alles, was wir über ihn wissen, stammt aus den Evangelien, der Apostelgeschichte und aus den Schriften der ersten Christen. Petrus war demnach einer der ersten Jünger Jesu. Er war Fischer und stammte aus dem Dorf Kafarnaum am See Genezareth. Arm war er nicht, denn er besaß ein eigenes Haus. Einmal wird er als »Sohn des Jona« – auf aramäisch als *bar Jona* – bezeichnet, wobei Jona als eine Abkürzung von Johannes zu verstehen ist. Diese Anmerkung wird heute auf zwei verschiedene Weisen interpretiert: Entweder hatte Petrus einen Vater, der den Namen Johannes trug, oder er galt als der »geistige« Sohn von Johannes dem Täufer, d. h., er war, bevor er Jesus nachfolgte, ein Jünger Johannes des Täufers. *Barjona* bedeutet auf Aramäisch aber auch »ungezügelt« oder gar »aufrührerisch«, weshalb die Zeloten, eine zu Jesu Zeiten auftretende Widerstandsbewegung gegen die römischen Besatzer, im Talmud auch als *barjonim* bezeichnet werden. Vielleicht gehörte Petrus auch dieser rebellischen Bewegung an. Ein Schwert trug er jedenfalls immer mit sich, und es kam offensichtlich auch zum Einsatz. Laut Joh 18,10 schlug er damit das Ohr des Malchus, eines Dieners des Hohepriesters ab, um die Gefangennahme Jesu zu verhindern.

Sein ursprünglicher Name jedenfalls war Simon. Laut den Evangelien erhielt er von Jesus dann den Spitznamen *kephas*. Das ist Aramäisch und bedeutet »Stein« oder »Fels«. Die griechische Übersetzung ist *petros*, die lateinische *petrus*. (Der männliche Eigenname Petrus leitet sich von der weiblichen

Form des Hauptwortes *petra* ab, das eben »Stein« oder »Fels« bedeutet.) »Stein« lässt sich allerdings ganz unterschiedlich interpretieren und so ist bis heute unklar, ob der Spitzname die Standfestigkeit oder vielmehr die Sturheit und Starrköpfigkeit des jüdischen Fischers betonen sollte.

Sein Verhältnis zu Jesus wird in den Evangelien jedenfalls nicht immer als harmonisch beschrieben. Petrus ist zwar derjenige, der sich als Erster zu Jesus bekennt und somit eine besondere Stellung unter den Jüngern innehat, er ist aber auch derjenige, der Jesus kurz vor seiner Kreuzigung dreimal verleugnet (diese Episode wird in allen vier Evangelien wiedergegeben: Mk 14,66–72; Mt 26,69–75; Lk 22,56–62; Joh 18,15–18.25–27). Laut den Evangelien ist er einer der ersten Zeugen der Auferstehung, aber nicht der erste. Denn die Erste, die den Auferstandenen sieht, ist eine Frau und nicht der angebliche »Chef« der Apostel. Petrus wird später einer der Leiter der Jerusalemer Gemeinde, die von einem Triumvirat – also von drei Männern (Johannes, Jakobus und Petrus) – geführt wird. Immer wieder gerät er in Streitigkeiten mit Paulus, der im frühen Christentum ebenfalls eine zentrale Rolle einnimmt.

Mit dem Beinamen »Petrus« ist auch der Anspruch der späteren Päpste verbunden, die führende Rolle in der Leitung der Kirche zu übernehmen. Im Matthäusevangelium gibt es eine Stelle, in der Jesus selbst das Wortspiel mit dem Stein aufgreift und ihm eine tiefere Bedeutung verleiht: »Du bist Petrus, und auf diesen Felsen werde ich meine Kirche bauen.« (Mt 16,18) Die im Deutschen eindeutige Gleichsetzung von Petrus und Felsen ist im griechischen Original allerdings um einiges schwieriger. Streng genommen ist sie grammatikalisch sogar falsch. Das Bezugswort für den Stein ist im Originaltext Jesus selbst und nicht Petrus: Jesus ist das Grundfundament der Kirche und nicht der Fischer aus Kafarnaum.

Trotzdem könnte der im Aramäischen ansonsten nirgends belegte Name Kephas (Fels) auf die wichtige Rolle des Petrus hinweisen. Zu der Zeit, als Jesus öffentlich wirkte, trug der Hohepriester der Juden den ungewöhnlichen Namen Kaiphas, der im Aramäischen mit Kephas identisch ist. Insofern könnte die Umbenennung des Simons durch Jesus ein Hinweis darauf sein, dass er einmal die Rolle des Hohepriesters übernehmen soll. Eine interessante Theorie, die allerdings historisch nicht belegt werden kann. Zumal: Petrus stammte nicht aus der Jerusalemer priesterlichen Aristokratie und hatte daher nicht das Recht dazu, das Amt des Hohepriesters zu übernehmen. Über Petrus Wirken nach dem Tod Jesu ist wenig bekannt. In der Urgemeinde hatte er auf jeden Fall eine wichtige Funktion inne. Dank seinem Einsatz versammelten sich die Jünger nach dem gewaltsamen Tod ihres Meisters bald wieder in Jerusalem. Als die junge Gemeinschaft mit den ersten ernsthaften Problemen konfrontiert war, wurde eine Versammlung einberufen, die später als »Apostelkonzil« in die Geschichte eingehen sollte. Bei dieser Zusammenkunft im Jahre 48 n. Chr. war Petrus in Jerusalem. Doch nicht er war der Vorsitzende der Versammlung, sondern Jakobus, der wahrscheinlich älteste Bruder von Jesus. Anschließend war Petrus als Missionar in Kleinasien unterwegs. Eine alte Tradition besagt, dass er auch in Rom gewirkt habe und dort während einer Christenverfolgung um das Jahr 64 n. Chr. hingerichtet wurde. Das könnte tatsächlich zutreffen, denn moderne archäologische Untersuchungen bestätigen, dass Petrus an dem Ort begraben liegt, an dem heute der Petersdom steht. Absolute Sicherheit gibt es aber nicht, denn ein DNA-Vergleich ist natürlich nicht mehr möglich. Nichtsdestotrotz sind die Knochen, die man unterhalb des Petersdoms gefunden hat, sehr, sehr alt.

Die Bedeutung des Petrus ist für die katholische Kirche bis heute unbestritten: Aus seiner Rolle in der frühen Kirche leitet man die Hoheit des Bischofs von Rom über alle anderen Bischöfe der Welt ab. Immer wieder wird sogar argumentiert, Petrus sei der erste Papst gewesen. Gewiss, Petrus hatte im Neuen Testament eine wichtige Stellung inne und hat diese auch in der Entwicklung der frühen Kirche beibehalten. Allerdings wird in der Bibel nichts über den ersten Papst berichtet. Auch wird Petrus von niemandem Papst genannt, noch bezeichnet er sich selbst so. Die Bezeichnung »Papst« – lateinisch *papa* (Vater) – ist im Neuen Testament Gott allein vorbehalten. Für einen Menschen wird dieser Ausdruck nicht verwendet. Das heißt, dass Petrus – der nach einer sehr alten, heute aber als nicht unproblematisch eingestuften Überlieferung der erste Bischof, besser, der erste Leiter der Gemeinde in Rom, gewesen sein dürfte – nicht zugleich der erste Papst gewesen sein kann. Denn eine solche Bezeichnung existierte zu der Zeit, in der er lebte, nicht. Der erste Papst, der diesen Titel auch tatsächlich gebrauchte, war Siricius, der von 384 bis 399 n. Chr. als Bischof von Rom amtierte. Petrus war zu dieser Zeit bereits 320 Jahre tot.

Die Vorstellung von Petrus als Bischof von Rom wurde von Hieronymus am Beginn des 5. Jh. verbreitet. Er behauptete – wohl um die Führungsansprüche des damaligen römischen Papstes zu bekräftigen –, Petrus habe vor seinem Tod 25 Jahre lang in Rom gelebt. Diese zeitliche Angabe kann aber nicht stimmen, wie sich schon mit ganz wenig mathematischem Talent erkennen lässt: Petrus starb um 64 n. Chr. 48 n. Chr., also 16 Jahre zuvor, war er in Jerusalem und wirkte danach noch einige Jahre in Antiochien. Das heißt, die 25 Jahre in Rom kommen beim besten Willen nicht zusammen. Zudem sind sich die Forscher*innen auch bezüglich seiner überlieferten biografischen Daten unsicher. Davon abgeleitet, stellen sich einige Fragen: War Petrus überhaupt in Rom? Und wenn ja, hat er wirklich die dortige Gemeinde gegründet und geleitet? Alles ist vielleicht nicht erfunden, aber dass Petrus nicht der Gründer der christlichen Gemeinde in Rom sein kann, ist ziemlich offensichtlich: Paulus traf bereits um 50 n. Chr. Christen in Rom, zu einer Zeit also, zu der Petrus mit Sicherheit noch in Jerusalem bzw. Antiochien war.

Dennoch ist die Bedeutsamkeit von Petrus für das Christentum nicht infrage zu stellen. Archäologische Funde belegen, dass in Rom bereits gegen Ende des 1. Jh. n. Chr. eine breite Petrusverehrung praktiziert wurde. Petrus war zwar nicht der erste Papst – und schon gar nicht ein Papst, wie die modernen Päpste –, seine Gestalt aber wirkte wie kaum eine andere in der Geschichte des Christentums als Vorbild und als Inspiration.

22. Petrus und die Himmelsschlüssel

Petrus 2.0

»Ich aber sage dir: Ich werde dir die Schlüssel des Himmelreichs geben.«

Mt 16,19

Gegen Ende des 18. Jh. begannen sowohl Theolog*innen als auch Historiker*innen die historische Existenz Jesu infrage zu stellen, die bis zu diesem Zeitpunkt für selbstverständlich galt. Mit einem Mal wurde all das, was jahrhundertelang niemand hinterfragt hatte, problematisch: die Wunder, die Auferstehung, aber auch die Evangelien selbst. Diese waren aus der Perspektive gläubiger Christen heraus verfasst, wirkten an vielen Stellen unglaubwürdig und waren für eine historische Rekonstruktion von Jesu Leben sogar völlig unbrauchbar.

Mittlerweile weiß man, dass es gesicherte außerbiblische Quellen gibt, die sich auf Jesus beziehen. Es handelt sich um sehr alte Schriften, wie etwa die Werke von Tacitus, Flavius Josephus, Plinius und Sueton, welche die historische Existenz eines Menschen namens Jesus belegen. Allerdings kann man aus diesen Quellen nicht sehr viel mehr erschließen, als dass Jesus in Galiläa lebte und in Jerusalem gekreuzigt wurde, zu einer Zeit, als ein gewisser Pontius Pilatus Chef der dortigen römischen Verwaltung war.

Also widmete man sich doch wieder den Evangelien, nun aber mit einem völlig gewandelten Wissenschaftsverständnis. Die neutestamentlichen Texte wurden mit akribischer Genauigkeit nach etwas durchgekämmt, das man bald *ipssissima verba*, also aller-eigenste Worte, nennen sollte; Worte, die mit Sicherheit der historische Jesus im Laufe seiner Wander- und Predigttätigkeit in Galiläa und Judäa gesagt hatte.

Die Ergebnisse dieser Untersuchungen enthüllten ein eher ernüchterndes, jedoch glaubwürdiges Bild eines jüdischen Predigers, der möglicherweise von der Idee bewegt war, das religiöse Leben zu reformieren. Er dürfte tatsächlich Menschen geheilt haben, die psychiatrische Pathologien hatten, aber auf dem Wasser ist er sicherlich nicht gegangen. Und auch über die Auferstehung streiten die Forscher*innen, denn mit wissenschaftlichen Methoden ist sie nicht belegbar. Aber nicht nur die Wunder, auch die Worte sind historisch schwer zu verifizieren. So konnten manche Worte, die Jesus in den Evangelien in den Mund gelegt wurden, klar als Erfindung der antiken Autor*innen entlarvt werden. Diese hatten einige Jahrzehnte nach dem Tod ihres Lehrers ganz andere Probleme und auch andere Ziele. Sie mussten sich gegen das Judentum sowie gegen die »Fehlmeinungen« innerhalb der jungen christlichen Gemeinschaft absichern und brauchten dafür unmissverständliche autoritative Aussagen von Jesus, die sie wohl kurzerhand selbst erfanden. Dabei dürften sie kein schlechtes Gewissen gehabt haben, denn ein solches Vorgehen, war in der Antike völlig normal und ist heute auch für andere große Persönlichkeiten – wie Platon oder Aristoteles – und deren Schüler belegt. Die großen Geschichtsschreiber der damaligen Zeit wie Plutarch, Flavius Josephus, Caesar oder Cassius Dio gingen alle nicht sehr zimperlich mit der historischen Wahrheit um. Sie berichteten nicht nur von wirklichen Begebenheiten oder gaben tatsächlich gehaltene Reden wieder, sondern sie schilderten auch Ereignisse, die *möglicherweise* so hätten passieren können. Antike Geschichtsschreibung ist weniger von Objektivität geprägt und immer schon Interpretation des Dargestellten. So ist es auch mit der Bibel. Bei der (literarischen) Entstehung der Evangelien handelt es sich um einen Prozess, der ganz anders ist, als heutzutage Geschichte geschrieben wird. Die Evangelien sind vor allem »Glaubenszeugnisse«.

Zweifelsohne gab es im Fall von Jesus bereits sehr früh eine Sammlung seiner Sprüche und eine Sammlung von Wundererzählungen. Beide waren nur bedingt »korrekt«. Doch das war, wie gesagt, nicht außergewöhnlich. Die Sammlung der Handlungen Jesu wurde mehr oder weniger vollständig zur Grundlage für das Markusevangelium. Die Spruchsammlung – in der Forschung schlicht »Q« genannt – ist hingegen verloren gegangen und kann nur dank der Arbeit von Sprachwissenschaftler*innen rekonstruiert werden. Man weiß heute, dass das Lukas- und das Matthäusevangelium neben Passagen aus dem Markusevangelium auch Passagen aus eben dieser Spruchquelle übernommen haben. Zudem bieten beide Evangelien Sprüche und Erzählungen, die aus anderen, uns unbekannten Quellen stammen oder die »kreative Eigenleistungen« der Autor*innen sind.

Einer dieser hinzugefügten, mit hoher Wahrscheinlichkeit nicht von Jesus selbst stammenden Sprüche hat eine gewaltige Wirkungsgeschichte erlebt: Es ist die Passage, in der Jesus dem Petrus verspricht, ihm die Schlüssel für das Reich der Himmel (im Griechischen eine Pluralform) anzuvertrauen. Dieses Versprechen kommt ausschließlich im Matthäusevangelium vor. Daher geht man heute davon aus, dass die Autor*innen des Matthäusevangeliums hier ihre eigenen Vorstellungen einfließen ließen und eben nicht eine historische Episode aus dem Leben Jesu wiedergeben.

Neben der Tatsache, dass es sich nicht um »Originalworte« handelt, sei angemerkt, dass es sich auch bei den genannten Schlüsseln, die Petrus von nun an auf allen Abbildungen in Händen halten sollte, gar nicht um reale Schlüssel handelt. Vielmehr ist die Rede symbolisch zu verstehen und die Schlüssel stehen für Macht und Autorität. Aus Eisen sind sie nicht und sie waren auch nie dazu gedacht, irgendein Himmelstor aufzuschließen. Hier ist folgende Beobachtung interessant: In der gesamten Bibel kommt nur achtmal ein Wort vor, das auf Hebräisch (2x) oder auf Griechisch (6x) einen »Schlüssel« bezeichnet. Dreimal geht es um konkrete Schlüssel, also um Geräte, die zum Öffnen oder Verschließen eines Schlosses verwendet werden. Diese drei Belege finden sich alle im Alten Testament. Vier Schlüssel, also die Hälfte aller Belege, stammen aus dem letzten Buch der Bibel, der Offenbarung des Johannes. Die Offenbarung ist bekannt für ihre vielen sprachlichen Bilder, die sehr oft nicht nur eine geheime Botschaft vermitteln, sondern auch auf die Verhältnisse in einer zukünftigen Welt hinweisen sollen. In der Offenbarung geht es daher ganz bestimmt nicht um reale, sondern um symbolische Schlüssel.

Und so ist es auch bei den »Schlüsseln« im Matthäusevangelium. Die Schlüssel, die Petrus erhalten sollte, gibt es nicht. Das gefakte Zitat ist lediglich ein durchaus gelungener Versuch, Petrus eine besondere Führungsrolle zuzusprechen. Dass die vermeintlichen Schlüssel nie existierten, hat aber im Laufe der Kirchengeschichte niemanden gestört. Ab dem 12. Jh. n. Chr. wurden sie auf den Wappen der Päpste abgebildet. Der Erste, der die beiden Schlüssel auf seiner Kriegs(!)standarte verwendete, war Innozenz III. 70 Jahre später platzierte sie Bonifaz VIII. dann erstmals auf seinem Wappen. Beide Päpste hatten Schwierigkeiten, ihre Rolle als Kirchenoberhäupter zu festigen, und so beriefen sie sich auf die Autorität des Petrus, der diese wiederum direkt von Jesus übertragen bekommen hatte. Die Frage nach legitimer Macht dürfte auch der Grund dafür gewesen sein, dass der Satz über die Schlüssel Eingang in das Matthäusevangelium gefunden hat. Damals wird es in der jungen Kirche Machtkämpfe gegeben haben: Die bevorzugte Position des Petrus – sowie seiner Nachfolger – dürfte nicht unhinterfragt gewesen sein. Da kam ein passendes Jesus-Zitat gerade recht.

Als Jahrhunderte später die Päpste dann begannen, den Spruch über die Schlüssel als Bestätigung ihrer eigenen Macht zu verstehen, definierten sie auch, welche Bedeutung den beiden Schlüsseln zukommen sollte: Der eine Schlüssel sei aus Gold, er soll das Himmelsreich öffnen. Der andere sei aus Silber, er steht für die zwar vergängliche, nichtsdestotrotz aber immer wichtiger werdende weltliche Macht der Päpste. Die Vormachtstellung des Bischofs von Rom, dem Nachfolger des Apostels Petrus, die Beichte, der Ablasshandel und sogar die eher seltsame Vorstellung, dass Petrus am Himmelstor stehen und entscheiden würde, wer hineindarf und wer nicht, wurden nach und nach über diese Textstelle begründet und gerechtfertigt. Schließlich hängt auch die Rolle von Petrus als Wettermacher mit der bizarren Vorstellung zusammen, er könne dank seiner Schlüssel den Himmel auf- und zuschließen. Ganz schön viel für zwei Schlüssel, die Jesus selbst sehr wahrscheinlich weder in der Hand gehalten noch in den Mund genommen hat.

Literaturhinweise

Viele der Informationen, die in diesem Buch zusammenfassend dargestellt sind, stammen aus der bibelwissenschaftlichen Forschung der letzten Jahrzehnte. Die Entscheidung, im Buch auf Fußnoten bzw. auf die Angabe von Sekundärliteratur zu verzichten, ist bewusst getroffen, um den Lesefluss nicht zu stören. Natürlich kann jede Thematik nach Belieben weiter vertieft werden. Im Folgenden habe ich für Sie eine kleine Auswahl an weiterführender Literatur zusammengestellt:

Zur Bibelkunde und zur Umwelt der Bibel:

M. Augustin/J. Kegler, Bibelkunde des Alten Testamentes. Ein Arbeitsbuch, Gütersloh [2]2000.

Zur Einleitung in das Alte Testament:

T. Staubli, Begleiter durch das Erste Testament, Ostfildern [5]2014.

Zur Einleitung in das Neue Testament:

I. Broer, Einleitung in das Neue Testament. Studienausgabe, Würzburg/Darmstadt 2006.

Zur Gesamtdarstellung der Geschichte Israels:

W. Oswald/M. Tilly, Geschichte Israels, Darmstadt 2016.

Zum Ursprung und zur Entwicklung der biblischen Religionen:
M. Tilly/W. Zwickel, Religionsgeschichte Israels. Von den Vorzeiten bis zu den Anfängen des Christentums, Darmstadt 2011.

Zur archäologischen Forschung zur Bibel:
D. Vieweger, Archäologie der biblischen Welt, Gütersloh 2012.

Zu Qumran und den Handschriften vom Toten Meer:
C. Paganini/S. Paganini, Qumran. Zwischen Verschwörung und Archäologie, Innsbruck 2010.

Zur Methodologie der Bibelinterpretation:
T. Hieke/B. Schöning, Methoden alttestamentlicher Exegese, Darmstadt 2017.

Zur Beziehung Judentum – Christentum:
S. Paganini/J.-P. Sterck-Degueldre, Wir. Juden und Christen. Von den Wurzeln her verbunden, Aachen 2015.

Zum Leben Jesu:
G. Theißen/A. Merz, Der historische Jesus. Ein Lehrbuch, Göttingen ^{4}2013.

Der Autor

Simone Paganini, geb. 1972 in Italien, Studium der Theologie in Florenz, Rom und Innsbruck. Professor für Biblische Theologie an der RWTH Aachen. Autor zahlreicher wissenschaftlicher und populärwissenschaftlicher Bücher, unter anderem über Qumran und skurrile Episoden in der Kirchengeschichte. Auch auf Science Slams begeistert er ein großes Publikum.

Die Zeichnerin

Esther Lanfermann, geb. 1996 in Würselen, studierte Englisch und kath. Religionslehre an der RWTH Aachen und ist passionierte Zeichnerin.